课程能力建设研究

——来自苏州乡村小学的实践

夏　静　徐春燕　蒋　洁　编著

苏州大学出版社
Soochow University Press

图书在版编目(CIP)数据

课程能力建设研究：来自苏州乡村小学的实践 / 夏静，徐春燕，蒋洁编著. —苏州：苏州大学出版社，2022.6
　ISBN 978-7-5672-3980-7

Ⅰ.①课… Ⅱ.①夏… ②徐… ③蒋… Ⅲ.①农村学校-小学-课程建设-研究-苏州 Ⅳ.①G622.3

中国版本图书馆 CIP 数据核字(2022)第 088059 号

书　　名	课程能力建设研究 ——来自苏州乡村小学的实践
编　　著	夏　静　徐春燕　蒋　洁
责任编辑	刘一霖
装帧设计	刘　俊
出版发行	苏州大学出版社(Soochow University Press)
社　　址	苏州市十梓街1号　邮编：215006
印　　刷	镇江文苑制版印刷有限责任公司印装
邮购热线	0512-67480030
销售热线	0512-67481020
开　　本	718 mm×1 000 mm　1/16　印张：13.5　字数：250 千
版　　次	2022 年 6 月第 1 版
印　　次	2022 年 6 月第 1 次印刷
书　　号	ISBN 978-7-5672-3980-7
定　　价	48.00 元

图书若有印装错误，本社负责调换
苏州大学出版社营销部　电话：0512-67481020
苏州大学出版社网址　http://www.sudapress.com
苏州大学出版社邮箱　sdcbs@suda.edu.cn

序

李和明

旋织波纹绉浅蓝

舟山实验小学和越溪实验小学本来是苏州市吴中区的两所乡村学校。夏静先后在两所学校担任校长。夏校长的认真努力和聪明干练，让我印象深刻，也非常佩服。最近，两所学校组织人员精心编写了这本关于乡村小学课程能力建设的书，邀我写个序言。我自知人微言轻，不足以给本书增加分量，只会暴露自己的浅薄，所以再三婉辞。但夏校长觉得跟我比较熟悉，而且在本书的编写过程中我也参与过几次讨论，不算完全的"局外人"，我只好勉强应承下来。

随着近年来苏州城市化发展速度的加快，许多印象中的乡村学校早已不再是原来的面貌了。舟山实验小学和越溪实验小学的校容校貌、设施设备与城区学校相比，可以说毫不逊色。严格说来，这两所学校不能算纯粹的乡村小学了。但是，如果说起学校的课程能力建设，不管在意识上还是在能力上，其与城区学校的差距都还很明显。这样看来，把本书主题定为乡村小学课程能力建设的探索，还是恰如其分的。

夏校长在舟山实验小学担任校长的时候，曾经受命启动吴中区的小学课程建设改革的实验项目。这项改革的挑战性是超强的，它涉及学校层面上的课程规划、课程实施和课程开发等方面，既要有科研素养的保证，还要有实践落地的能力，更要有改革效益的体现。而就是在这样的挑战面前，改革者迎难而上，不断拓宽自己的知识面和视野，不断更新自己的教育理念，不断尝试新的实践路径，不断积累课程建设的经验教训，主动探索、主动调整、主动转变，很快走在了课程改革的前沿，也切实感受到了自身不断加速的专业化成长步伐。

课程规划能力考量的是学校教育教学管理者的宏观控制能

力。把握课程的立足点，瞄准课程的归宿点，需要规划者具备清醒的意识。能不能始终围绕立德树人的核心使命，有没有确定课程为培育学生综合素养服务的目标，是衡量课程规划能力强弱的第一指标。

课程实施能力既考量学校教育教学管理者在组织形态上的创新能力，也考量每一位教师对教学活动效能的保障能力。选择课程的发力点，捕捉课程的敏感点，需要实施者具备创造的勇气和丰富的经验。会不会建设和借助合作的机制，能不能激发学习者的内在需求，是判断课程实施能力强弱的关键指标。

课程开发能力考量的是学校教育教学管理者的特色发展能力。发现课程的增长点，打造课程的闪光点，需要开发者具备宽广的胸怀和开阔的视野。有没有充分了解师生的特长优势，会不会挖掘地方的特色资源，是检验课程开发能力强弱的核心指标。

作为初步探索的成果，本书更多提供的只是一些具体的案例。可贵的是，这些案例都来自探索者自身的实践，既表达了他们对身后足迹的珍视和留恋，也反映了他们对这些足迹加以考察和反思的努力。案例是鲜活的，考察和反思则是个性化的，还有进一步提升的空间，也有换一种视角解读的可能。

序名"旋织波纹绉浅蓝"出自南宋诗人范成大的《立秋后二日泛舟越来溪》：

西风初入小溪帆，旋织波纹绉浅蓝。行入闹荷无水面，红莲沉醉白莲酣。

诗人笔下的越来溪是非常美丽的。你如果有时间，不妨翻翻这本书，也许觉得味道淡了点，色彩浅了点，但没关系，"西风初入小溪帆"，正是渐入佳境的好铺垫。要知道，当你"行入闹荷"的时候，"红莲沉醉白莲酣"的美景就会呈现在你的眼前！

前 言

夏 静

乡村小学课程能力建设的现实和挑战

苏州市吴中区，2 500多年前，孔门名贤澹台子传道江南，曾在此结庐授学，开南方学校教育的先河。崇文重教从此作为吴地文化传统，绵延了人文吴中的悠长根脉。

改革开放以来，苏州地域发展区块几经变化，吴中区形成了以乡镇学校为主要教育组成部分的中小学（幼儿园）教育格局。随着城乡一体化建设和县域教育均衡发展的有效推进，很多新学校、易地新建学校相继投入使用，吴中区各中小学在校舍建设、教学设备等方面不断改进。

然而，教育教学设施的提档升级并不意味着教师教育教学水平和专业发展水平的同步提升。乡村小学如何跟上教育均衡的步伐，走上优质均衡的道路，持续贡献于吴中区的建设和发展，成为摆在我们面前的一项重要课题。为此，2014年9月，吴中区教育局启动"校外专家助推课程改革"项目，试图为吴中区乡村小学的健康快速发展破题。

作为这个项目的参与者，太湖国家旅游度假区中心小学（现更名为苏州太湖国家旅游度假区舟山实验小学，简称"舟山实验小学"）站在了潮头。我和我的团队在项目实践的过程中，对课程、课程规划、课程要素等有了基本的认知，对如何进行学校课程规划，如何研制学期课程纲要，如何进行校本课程开发与实施，如何推进国家课程的品质化实施有了初步的认识和体验。在项目实施的三年中，我们初步具有了课程意识，初步掌握了课程实施与推进的关键技术，同时，对于课程与教学也有了新的发现与理解。

当年，我和舟山实验小学的老师们根据学校所处的地域环境和所拥有的文化资源，尝试开发舟山核雕课程。这是我们第一次规范、科学地进行校本课程开发与实施。在专家的指点和教导下，我们不断完善课程纲要，明确课程目标，建立课程架构，设置教学内容，编制校本教材，实施教学方案，进行课程评价……一步一步，通过学习、实践、反思、改进，我们所撰写的课程纲要获得了全国校本课程纲要设计大赛特等奖，舟山核雕课程也以它"道器相融、意趣天成"的课程文化特点成为吴中区首个江苏省校园特色文化建设项目。

随着对课程建设认识的不断加深，我们自身的课程专业能力不断增强，同时，我们对舟山实验小学及区内各乡村小学发展状况的了解也更加深入。我们发现，真正制约乡村小学发展的因素主要是人，是校长、教师，是家长、学生，还有区域（政府）领导的发展理念和实际助推行为。

为了改变乡村小学校长、教师长期以来形成的"习得性无助"心理，帮助他们建立并形成"成长性思维"，为系统提升乡村小学课程能力建设水平提供科研动力，我们申报了江苏省"十三五"规划课题"乡村小学学校课程能力建设的实践研究"。

课题研究历时三年。在实践探索中，舟山实验小学全员参与，政府主管部门及领导全力支持，家长群体协同。着眼于课程领导力的加强，我们根据课程管理的相关文件和学生培养的主要目标，着手研制学校课程规划。经过十数次易稿，终于初步完成。江苏省教育学会原会长杨九俊先生出于对一所乡村小学进行课程专业化探索的鼓励，以"美丽项链一线穿"为题对我们研制学校课程规划的过程做了评述和推介。舟山实验小学的课程规划甚至成了全区小学制订学校课程规划的样板。

随后，我们把目光转向专业、规范的课程落实领域。以国家课程科学、规范实施为目标，研制学期课程纲要。对一学期的具体学科课程教学做出详细的规划安排，并在实践活动和评价方式上开始新的尝试。为了进一步对接乡村小学地域资源，以舟山核雕村为依托，开始进行舟山核雕课程的开发与实施，由此也开启了学校校本课程专业开发与实施的探索之路，为校本课程丰富化、序列化开发奠定了基础。

乡村小学教师课程意识相对薄弱，教学能力相对不足，教学质量缺乏坚实保障。2016年，我们围绕课程实施能力建设，启动了以大合作、全流程、深研究为特点的"大备课"教学改革。"大备课"活动每月一次，首先从语文、数学、英语三个学科开始，而后慢慢推进和延展到全学科，所有教师积极参与、广泛合作。"大备课"以案例研究的方式，在研读教材和课堂教学实践与研讨两个方面集中发力，重点推进国家课程的高质量实施。"大备课"

促进了教师课程意识和教学能力的不断增强。随着教师对学科课程认识和理解的不断加深，课堂教学能力的不断增强，学校整体的教育教学质量获得了全面改观。

2018年，我来到苏州市吴中区越溪实验小学。学校虽然靠近城区，但依然不脱乡村小学的本色。学校发展活力不足，教师队伍整体年龄偏大，其课程能力还处在蛰伏状态。依据在舟山实验小学实践中获得的经验，我们制定了学校文化发展纲要，实施学校提升三年计划，激发办学活力，打破了教师发展的天花板。增强课程能力成为学校发展、教师发展和学生全面发展的有效抓手。我们首先修订学校课程规划方案，使学校课程的整体性和系统性更强。然后进一步根据学生实际改进学科课程纲要。同时，抓住"越溪船拳"立项为苏州市校园文化建设项目的契机，进行校本课程开发与实施，进一步强化校本课程建设的文化性、科学性和教育性，形成了校本课程项目化发展的优势。利用语文教材由苏教版改为部编版的契机，针对许多教师在面对新教材时产生的课程理念把握和实施困惑，我们将"大备课"活动聚焦在语文学科：邀请语文教学专家、学者以讲教材的方式加强教师对文本的认识与理解；研磨教案，让教师在亲历教案制订的过程中深化认识；通过体验教学主题研究，以课堂实践和案例积累的方式引导教师强化自身的课程能力。结果证明，得益于乡村学校教师课程能力的增强，学生的语文核心素养获得了较大的提高。

经过几年的探索，我对乡村小学的课程能力建设有了较为清晰的认知，有了较为深切的感悟，也有了较为丰富的体验。我与我的团队愿意做一点回顾和梳理，做一点对比与思考，从自己的足迹中寻找一点规律，唤醒激情，继续未来的征程！

目 录
Contents

第一章 课程规划能力建设 …………………………………… (1)
第一节 乡村小学课程规划编织经纬 ………………………… (1)
一、研究背景 ………………………………………………… (1)
二、基本认识 ………………………………………………… (3)
三、文献综述 ………………………………………………… (4)
第二节 乡村小学课程规划方案示例 ………………………… (6)
示例1：舟山实验小学课程规划方案 …………………… (6)
示例2：越溪实验小学课程规划方案 …………………… (17)
第三节 乡村小学学科课程纲要示例 ………………………… (29)
示例1：越溪实验小学三（1）班语文学科课程纲要 …… (29)
示例2：越溪实验小学五（1）班语文学科课程纲要 …… (39)
示例3：舟山实验小学数学学科课程纲要 ……………… (49)
示例4：越溪实验小学数学学科课程纲要 ……………… (64)
示例5：英语（二年级下册）课程纲要 ………………… (80)
示例6：英语（六年级下册）课程纲要 ………………… (84)

第二章 课程实施能力建设 …………………………………… (89)
第一节 体验与发生——乡村小学课程实施的课堂生态 … (89)
一、"体验与发生"课堂教学生态 ………………………… (89)
二、"体验与发生"教学范式 ……………………………… (90)
三、"体验与发生"课堂教学实施策略 …………………… (95)
四、"体验与发生"课堂教学评价体系 …………………… (95)
五、构建"体验与发生"科研成果推广应用基本模型 …… (97)
第二节 策略与路径——乡村小学的课程实施与"大备课"
…………………………………………………………… (98)
一、有效缓解教育需求日益增大与师资相对薄弱矛盾的"大备课"
举措 …………………………………………………… (98)

1

二、以"大团队、全流程、深研究"为特征的"大备课"策略………（99）
　　三、尝试建构以案例为对象的乡村小学"大备课"范式………（100）
　　四、小学教研"大备课"项目化的实践………………………（101）
　第三节　"大备课"背景下的乡村学校课堂镜像………………（103）
　　示例1：《23　带刺的朋友》课堂实录 ……………………（103）
　　示例2：《18　慈母情深》课堂实录 …………………………（111）
　　示例3：《三　小数的意义和性质》课堂实录 ………………（121）
　　示例4：《五　年、月、日》课堂实录 …………………………（134）
　　示例5：《Unit 6　At the snack bar》课堂实录 ………………（143）
　　示例6：《Unit 5　What do they do?》课堂实录 ……………（153）

第三章　课程开发能力建设 …………………………………………（162）
　第一节　从课程到文化：乡村小学课程开发的实践构想………（162）
　　一、基于学校实际发展格局下的项目开发情况………………（162）
　　二、基于项目优化推进视野下的行动思考和努力方向………（164）
　第二节　从文化到内涵：乡村小学课程开发的价值诉求………（165）
　　一、分析学校现实：寻找突破瓶颈的发展坐标…………………（165）
　　二、聚焦核雕资源：确立内涵式发展的坐标原点………………（166）
　　三、构建核雕课程：勾勒文化育人的纵横坐标…………………（167）
　　四、形成文化效应：延展师生发展的多维空间…………………（169）
　第三节　从传承到创造：乡村小学课程开发的活力支撑………（170）
　　一、舟山实验小学核雕课程开发经验……………………………（170）
　　二、越溪实验小学船拳课程开发经验……………………………（183）

附录：美丽项链一线穿 ………………………………………………（200）
后　记 …………………………………………………………………（204）

第一章 课程规划能力建设

第一节 乡村小学课程规划编织经纬

课程是学校育人目标的载体。课程的价值在于促使学校教育教学活动更加合理，更加有利于学生的健康成长和全面发展，培养学生继续学习的愿望和能力，从而促进学生适应时代发展和社会进步。学校建构出符合国家要求、体现学校特色的课程体系是学校教育发展的关键因素。自新课程改革以来，各个学校都开始了构建学校课程体系的探索与实践。教育水平相对落后的乡村小学如何顺利完成学校课程能力建设是一个值得探索的问题。

一、研究背景

为了更加直观地了解乡村学校课程能力建设存在的具体问题，研究者从课程体系、课程内容、课程实施、课程评价四个方面对舟山实验小学和越溪实验小学两所乡村学校的课程能力建设状况进行了调查。调查发现，乡村小学课程体系不完善、课程内容不合理、课程实施效果不佳、课程评价方式较单一，已经严重制约了乡村小学教育水平的提高，不利于乡村教师的成长。

（一）体系尚未完善

学校课程体系包括国家、地方和校本三级课程。在两所学校的课程体系中，国家课程开设情况较好，尤其是语文、数学、英语等考试科目，两所学校基本按照规定的课时开设，音乐、美术、体育等课程的开设率也比较高，课时基本符合规定，但地方课程和校本课程的开设率很低，没有足够的课时。可见，学校教师对地方课程和校本课程的价值认识不够充分，课程理念有待更新。国家课程虽然总体上开设得较好，但存在课程繁多、课时不够的问题，而地方课程和校本课程的开设率较低主要是因为整体课时不够，以及教师对地方课程和校本课程存在偏见。整体来说，在乡村小学中，三级课程体系建设及实施状况不容乐观。

（二）课程内容不合理

考察学校课程内容，需要从国家、地方和校本课程三个层面展开。通过调查得知：乡村小学课程内容整体呈现城市取向，使得乡村学生对课程内容的掌握难度较大；国家课程由于现有课时不能完成教学任务，因此挤占了地方课程及校本课程的课时；地方课程和校本课程缺乏特色，不能发挥彰显学校特色、促进学生发展的作用。

（三）课程实施机械化

从调查结果来看，各门课程的教学依旧以教师教授为主。调查结果显示，58.75%的教师反映"教学方式单一，学生学习兴趣不高"，55%的教师认为"课程实施忽视学生的主体地位"。

课程实施应以促进学生的学习为切入点，实现学生的全面发展，引起学生行为、能力和心理倾向比较持久的变化。课程实施应使学生走出课堂之后在知识、能力上有一定的提高，在情感、态度和价值观上有更深刻的感受和领悟。

（四）课程评价单一

课程评价方式单一是乡村小学存在的严重问题。

调查结果显示，半数以上教师认为课程评价方式过于单一，缺乏多元性。乡村小学在课程的"知识、能力、情感态度价值观"三维目标上过多重视知识的习得和记忆，窄化了课程价值。此外，也有半数教师反映地方课程、校本课程没有相应的评价方式，造成地方课程和校本课程被边缘化。缺乏必要的评价使得地方课程和校本课程成为可有可无的点缀，也使师生对这些课程产生"无用"的偏见。可见，乡村小学落后的教学观念和评价方式是课程建设中比较严重的问题。改变教师的教学观念及完善评价方式是乡村小学课程建设的重点。

总的来说，学校课程建设是选择有意义的课程内容并形成课程体系的过程。目前乡村小学课程体系及内容并不能有效适应乡村地区、学校及学生的需求。此外，乡村小学虽有丰富的文化自然资源，但并未将这些资源转化为课程资源。在调查中，部分教师认为：在学校课程建设中可以开发或利用的课程资源很多，如乡土自然资源、民间文化、乡村实践活动、学校的文化传统、学校的教学设施等，但课程资源的利用率并不高；校本课程表面看似结合了学校特色，实质上并未体现乡土文化的精髓。

通过进一步调查发现，制约乡村小学课程建设的因素是多方面的，包括教师对学校课程能力建设缺乏全面理解、乡村小学没有明确的课程能力建设目标、乡村小学教育资源匮乏、乡村小学课程建设动力不足等。尽管乡村小学存在教育资源不足的天然弱势，但这并不是制约乡村小学课程建设最关键的因素。调查结果显示，乡村小学自身的因素，包括学校课程建设的氛围、课程建设的计划、教师的课程建设意愿和智慧等，才是乡村小学课程建设滞后的根源。就乡村小学而言，单纯依靠外部环境的改变是不现实的。乡村小学必须从内部着手，寻求适合自身的学校课程能力建设路径。

二、基本认识

围绕"学校课程能力建设"这一主题，从理论构想和实践操作层面对学校课程能力进行培育，并对其发展机制进行系统的研究与架构，既可为其他学校提供实践范型，又可为教育行政部门提供决策依据，对当前乡村小学课程能力建设具有重要的实践价值。

乡村小学课程能力建设的主体应由校长、专家、课程教师、家长及社会人员组成，是复合型的课程建设共同体。课程能力建设是一项专业性很强的工作，需要校长的实践魄力，需要专家的引领，需要全体教师的参与，需要家长的协助和社会人士的支持。由此形成的课程能力建设共同体才能获得较好的实践效能。

学校课程能力主要包括学校课程规划能力、国家课程的实施能力、地方课程的开发能力、课程环境（学校设施、各种资源）的统筹和运用能力等方面。实施课程能力建设就要从以上几个方面进行考量和实践。学校课程能力不是无本之木，而是多个维度的综合性、整体性效应的体现，因此，只有切实抓住课程能力发展的主要内容进行实践，才能总结出课程能力建设的路径和主要策略。

学校课程能力建设的实践效能主要通过教师表征和体现。教师的专业发展与课程能力发展和教学质量提升成正比。乡村小学一向处于教师专业发展和教学质量的洼地，其课程能力也相对薄弱。推进课程能力建设能够有效地促进教师的专业发展，也能够有效地促进教学质量的提升。

乡村小学课程能力建设需要基于学校的实际情况，充分发挥学校的资源优势，针对存在的不足进行探索与实践，从而彰显学校文化特质，更好地达成学校目标。乡村小学课程能力建设虽然有校内环境封闭、教师课程视野狭窄等劣势，但也有校外环境资源相对丰富、教师提升空间较大等优势。乡村小学课程能力建设的探索与实践过程必将烙上学校特色的鲜明印记。

三、文献综述

以中国知网为平台，以"学校课程能力建设"为主题项进行检索发现，与本课题直接相关的论文只有二三十篇，主要从新课改的大背景下宏观论述学校课程能力建设，以及教师课程能力增强等实践问题。

（一）国外相关经验研究

有学者以美国托马斯·杰弗逊高中的课程咨询委员会为例，对国外中学的课程领导组织和运行机制进行了研究。① 还有学者对英国国家课程的发展机制进行了研究。英国非常注重社会各利益团体对国家课程的价值诉求，成立了专门的课程专家委员会，用于定期评估国家课程的发展方向、政策框架、运作指导与实施建议。② 美国东教堂山中学在学区统一组织下，按照学校课程能力建设在政策法规、组织管理、人力资源、质量评价四个方面的整体规划，通过制订课程管理计划、成立教学服务部、运用课程开发指南、建立课程开发循环机制、明确课程开发的角色和职责五大举措不断增强学校课程能力。③ 新西兰朗伊奥拉中学通过设置独立的学校课程开发管理机构、设计完善的新课程审批标准、制订具体的分科目学校课程实施计划等措施尝试开展学校课程设计与开发，强化学校课程能力建设。④ 归结起来，从国家或区域的层面，推进学校课程能力建设的国外相关经验主要有：一是重视课程开发的政策法规制定，保障学校课程开发权利；二是突出课程开发的组织管理建设，形成学校课程开发的管理体系；三是强调课程开发的人力资源建设，保证教师课程能力的增强；四是完善课程开发的质量评价建设，保障学校课程的质量和水平。

二、国内相关经验研究

我国在学校课程能力建设领域的研究已取得阶段性的进展。在新课改与

---

① 王艳玲. 新旧课程下高中生数学观现状的调查与研究［D］. 长春：东北师范大学，2007.
② 罗生全. 英国国家课程的发展机制［J］. 课程·教材·教法，2013，33（12）：111-115.
③ 徐锦霞，钱小龙. 美国东教堂山中学的学校课程能力建设：面向21世纪的学习者［J］. 外国教育研究，2013，40（11）：13-20.
④ 钱小龙，汪霞. 借鉴普通高中课程改革与课程能力建设的国际经验［J］. 评价与管理，2013，11（4）：10-11.

第一章 课程规划能力建设

课程能力建设的关系研究方面,由杨九俊主持的全国教育科学"十一五"规划教育部重点课题——"基于课程文化转型的普通高中学校课程能力建设研究"报告全面系统地论述了以推进普通高中课改为背景的学校文化转型与学校课程能力之间相互影响、相互决定和相互生成的正相关关系,提出学校课程能力是课程改革的实践话语的观点。王一军等也从课程文化转型的视角论述了学校课程能力的实践建构。①

在学校课程能力建设的有效实施方面,研究者们也提出了自己的见解。从理论层面来看,杨九俊在《高中新课程实施中的学校课程能力建设》一文中提出加强学校课程能力建设的若干建议:明确学校课程开发的权利和责任,寻求学校的校本发展,强化学校课程行动研究,争取良好的学校外部环境等②。从实践层面来看,杨九俊等通过对若干所普通高中的案例分析提出了学校课程能力建设的初步经验③。

部分文献从校本课程研发的角度论述学校课程能力建设,鼓励学校自行开发适宜在本土地区发展的、有校园特色的校本课程。如马骏提出,学校在校本课程建设中,应在课程开发平台上体现自身组织特性,在共同主题上寻找学科立足点,在活动中促进学生学习方式转变,以系统增强学校的课程能力。④ 近年来,有很多学校在课程实施和校本课程的开发层面进行实践探索,也产生了有建设性的经验,锡山高级中学、北京十一学校的尝试取得了令人振奋的成果。在校本课程的开发领域,上海地区的经验也值得关注。

还有部分文献从个人角度出发,聚焦于教师课程能力建设水平的提升,关注教师对课程的理解、开发、设计、实施、评价、反思、研究等方面,并提出有效提升教师课程能力建设水平的相关策略与建议。另外,有学者提出,课程运作的外在支持系统主要包括课程运作的监控机制和课程运作的保障机制。⑤ 除此之外,学校还要建立课程的发展性机制、选择性机制、适应性机

---

① 王一军,吕林海.学校课程能力建设:课程文化转型的视角[J].上海教育科研,2007(12):68-70.
② 杨九俊.高中新课程实施中的学校课程能力建设[J].教育发展研究,2008(1):20-26.
③ 杨九俊,彭钢.学校课程能力"再造":基于若干所普通高中的案例分析[J].人民教育,2014(1):42-45.
④ 马骏.基于课程整合的校本课程开发:"串起"儿童的完整世界[J].中小学管理,2015(8):41-43.
⑤ 代建军.论我国当前中小学课程运作机制的转变[D].上海:上海师范大学,2007.

制、可持续发展机制、开放性机制、创新性机制、多样化机制、系统性机制等。①

综上所述，我国学者从课程改革、课程转型、学校文化等角度探究了学校课程能力建设的意义。此外，有部分学者从校本课程和教师能力两个独具特色的方面来论述提升学校课程能力建设水平的策略与实践。但从学龄阶段的角度来看，当下国内外的大部分研究普遍聚焦于高中阶段，对义务教育阶段的课程能力建设的研究略有不足，对乡村小学课程能力建设的研究更是寥寥无几。乡村小学在如何有效提升课程能力建设水平方面仍存在很大的探索空间。

第二节 乡村小学课程规划方案示例

示例1：舟山实验小学课程规划方案

（2014年9月）

为了贯彻落实"立德树人"（《教育部关于全面深化课程改革 落实立德树人根本任务的意见》）的精神，探索学校课程改革，围绕"秉承香山文化积淀，着眼区域发展期待；关注师生至善发展，促进学生阳光成长"的总体工作思路，特制订本方案。

一、学校课程规划的依据

苏州太湖国家旅游度假区中心小学②始建于1994年，2009年易地新建至现址。校园占地面积达26 168平方米，建筑面积达14 858平方米。2014年9月，学校共有25个教学班，1 000多名学生，其中外来民工子弟学生占32%。

20年的办学发展中，学校以"至善"为校训，在不断追求的道路上且思且行，坚持内涵式发展，科技教育成果丰硕，教学质量稳步提高，赢得了良好的社会声誉，曾被评为"全国科技体育教育传统学校""江苏省科技教育特色学校""苏州市文明单位"等。

---

① 康健. 赫钦斯在芝加哥大学的改革［D］. 长春：东北师范大学，2010.
② 现更名为苏州太湖国家旅游度假区舟山实验小学。

(一) 学校发展的 SWOT 分析（详见附表 1）

学校地处苏州太湖国家旅游度假区腹地，环境优美，人文荟萃，有着丰富的课程资源。学校拥有一支以朴实、踏实见长的教师队伍，既有经验丰富的老教师，也有充满活力的新教师，还有日渐成熟的青壮年学科骨干。其中有部分教师参与过校本教材的编写和校本课程的实施工作，但教师队伍课程素养的整体提高还待推动。学生兴趣广泛，乐于动手，重视学业发展，有一定的活动能力，但学习习惯、学习能力差异较大；视野相对狭窄，学习方式偏于传统，创新能力不足。学校亟需通过课程重构让学生拥有更多自主选择的机会，促进学生综合素质的提升。

(二) 校本课程需求分析

1. 学生方面

学生从小受到本土文化的熏染，动手能力较强。课程设置选择问卷调查结果表明，学生对现有课程拓展活动，特别是以学生社团为组织形式的选修类活动有浓厚的兴趣和高涨的参与热情。他们乐于进行实践性强的研究活动，在生活劳动等方面却缺少练习。

2. 家长、社区方面

学校的生源大部分来自附近生活圈。家长及社区一方面希望学生继承本土文化传统，另一方面又期待学生具有健康的身心，有较强的社会适应能力，有一定的创新与探索精神和实践能力，遵礼仪，懂自律，能担当，拥有幸福的人生。部分家长为外来务工者，他们急切期盼孩子能成为"新苏州人"。

3. 学校方面

2002 年，学校以无线电测向和定向项目为抓手，在科技教育方面取得了长足的进步，2012 年开始，又增加了电子制作、纸飞机、古建、防震减灾等科技、工艺项目。现在，学校又在着手进行苏州本土植物科普园的建设。由此，学生在科学精神、创新意识、实践能力方面得到了一定的培养。同时，学校不断开掘和整合香山本土资源（核雕等），形成校本课程内容，对学生进行了乡土历史、文化、工艺等方面的教学，使学生对香山历史风景、人情风物等内容有所了解。

(三) 学校的愿景、使命与目标

1. 学校愿景

学校愿景：秉承"至善"教育哲学，把学校办成至善的阳光少年的学园、乐园与家园。

2. 学校使命

学校秉承香山文化积淀，着眼于区域发展期待和学生成长期望，履行下列使命：

营造人文和谐的学校文化，建幸福校园；
加强务实向上的专业领导，树典范管理；
培养专一进取的教师团队，塑智慧教师；
建构多元适切的课程体系，育时代新人。

3. 育人目标（毕业生形象）

学校的毕业生形象为善于思考、善于玩耍、善于交流、善于创造、善于求精的少年。

二、学校课程计划及说明

学校课程体系由国家课程和校本课程两块组成。国家课程按苏州市教育局颁布的义务教育课程方案来落实。考虑到学校特色与相关课程的整合，学校将苏州市颁布的综合实践活动课程内容和校本课程空间整合在一起，整体设计校本课程，将"五善"品质细化在各板块的课程目标中。

（一）课程结构（图1-1）

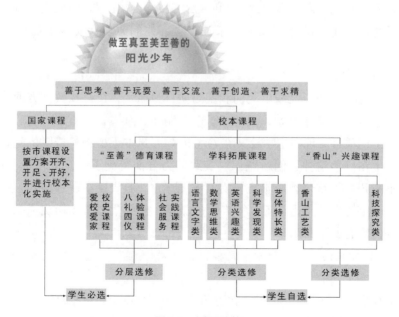

图1-1 课程结构

(二) 课程设置方案（表1-1）

表1-1 课程设置方案

周课时		年级						说明
科目		一年级	二年级	三年级	四年级	五年级	六年级	
品德类课程	品德与生活	2	2					
	品德与社会			2	2	2	2	
	科 学			2	2	2	2	
	语 文	8	8	7	7	6	6	
	数 学	5	5	4	4	5	5	
	外 语	3	3	3	3	3	3	
	体育与健康	4	4	3	3	3	3	
	音 乐	2	2	2	2	2	2	
	美 术	2	2	2	2	2	2	
	综合实践活动			3	3	3	3	信息技术课程每周1课时，劳动技术课程每周1课时，"至善"德育课程每周1课时
	校本课程			2	2	2	2	"香山"兴趣课程每周1课时，学科拓展课程每周1课时
周课时数		26	26	30	30	30	30	
学年总课时数		910	910	1 050	1 050	1 050	1 050	

说明：

1. "香山"兴趣课程延伸活动、社团活动、学校兴趣小组活动根据苏州市"三项规定"，利用下午3:20以后的活动时间进行。

2. 一、二年级的"至善"德育课程、学科拓展课程、"香山"兴趣课程在每周三下午2:45—3:25实施。

（三）校本课程的内容

1. "至善"德育课程

"至善"德育课程分为爱校爱家校史课程、八礼四仪体验课程和社会服务实践课程三个模块（表1-2）。

表1-2 "至善"德育课程

课程模块	课程目标	年级	教学（活动）内容
爱校爱家校史课程	爱校爱家	二年级（低年级）	我们美丽的校园
			有你真快乐
			最美香山人
			我们的约定
			阅读香山
			我为香山添光彩
八礼四仪体验课程	友善守礼	三、四年级（中年级）	成长仪式、仪式之礼
			待人之礼、餐饮之礼
			行走之礼、交规体验
			观赏之礼、仪表之礼
			言谈之礼、游览之礼
			毕业感恩、至美汇聚
社会服务实践课程	快乐实践	五、六年级（高年级）	打扫、整理阅览区
			校园绿化清洁护理
			舟山、香山社区服务
			幼儿园服务
			香山街道敬老院服务
			少年交警执勤实践

2. "香山"兴趣课程

学校根据学生的年龄特点及不同教师的特长，利用好教材以外的课程教育资源，开设了"香山"兴趣课程（表1-3）。"香山"兴趣课程主要分为香山工艺和科技探究两大类。学生根据自己的兴趣与爱好，通过网上选课平台自主报名，开展学习。

表 1-3　"香山"兴趣课程

课程类别	课程内容
香山工艺类	香山古建、核雕、编织（藤编、线编）、剪纸、装裱、书法（传统）、绘画（水墨画为主）
科技探究类	电子百拼、建模创意、电子制作、纸飞机、数棋、无线电测向和定向、科学幻想画、植物园探究、积木、七巧板、趣味橡皮筋

3. 学科拓展课程

在国家课程实施的基础上，学校开发与建设了具有学校特色的学科拓展课程（表1-4），为学生提供丰富多样的课程资源，促进学生多元学习能力的形成。

表 1-4　学科拓展课程

课程类别	课程内容
语言文字类	说话写话
	语文综合学习
	小记者团
	名篇阅读
	学讲苏州话
	书法
	国学诵读
数学思维类	趣味数学
	思维训练
	数棋
英语兴趣类	麦克米伦英语
	英语儿歌
	国际理解
	童话表演
艺体特长类	体育活动（游戏）
	足球
	世界名曲、世界名画欣赏、吴门画派赏析
	合唱、舞蹈
	评弹
	器乐（古筝、二胡、竹笛、吉他）

续表

课程类别	课程内容
科学发现类	趣味实验
	无线电

三、实施建议与保障措施

（一）实施建议

1. 国家课程的校本化实施

（1）对于各学科教学，学校要强调教学的有效性和优效度。通过常规监控、研讨引导等方式，提升课程教学质量。通过学习课程标准，明确教材编写体系及设计意图，整合学校特色和毕业生形象要求，编制课程纲要，统整课程教学的要求。通过课堂观察等教学研究方式，不断提高教学效益。

（2）创造性地实施科学课程。各年级科学学科教师要在课程中进行科学教材和校本科技系列教材的整合教学。其中，"科技启蒙"的校本教材要融入创造、技能、游戏、合作、竞争等诸多元素，使学生在教师的引导下，通过纸飞机、电子制作、建模创意、电子百拼、无线电测向和定向等多项活动，培养对电子技术知识与技能的探究与实践能力，开发手脑协调的心智能力及问题解决能力，培养严谨求实的科学精神、勇于开拓的创新精神，磨炼不畏艰苦的意志品质，形成团结协作的行为方式。

在教学时间上，3—6年级每个班级利用科学课进行特色教学，每学年安排6课时。在教学内容与安排上，学校充分利用本校本地的教育资源，引进、完善"科技启蒙"的5本校本教材与相关教学教案，并根据不同年级确定"科技启蒙"项目（表1-5）。

表1-5 "科技启蒙"项目

年级	教学内容	具体要求
一年级	纸飞机	通过制作纸飞机，激发对科技项目的兴趣，并初步培养探究意识
二年级	纸飞机	
三年级	电子制作	初步掌握电子技术知识与技能，并动手实验，制作一些有趣的电子小作品
四年级	电子百拼	利用电子百拼学具进行创造性思维的训练，激发深入探究电路的兴趣和志向

续表

年级	教学内容	具体要求
五年级	无线电测向和定向	掌握测向机、定向设备或其他电子小产品制作技能,并进行身体、思维训练;会综合运用所学的知识
六年级	建模创意	以香山古建为创意依据,综合运用空间造景、移步换景等布局创意知识,进行建模造型、布局创意

（3）在综合实践活动中,教师要结合体验活动和社会服务内容,进行"至善"德育课程的补充教学。

2. 校本课程的实施

（1）"至善"德育课程是围绕"五善"的培养目标开设的一系列校本课程,主要在综合实践活动课上实施。爱校爱家校史课程、八礼四仪体验课程和社会服务实践课程三项内容根据年段目标综合开展,让学生在课堂学习、活动体验、服务实践的过程中增强作为学校一员的认同感、自豪感,努力当一名至真至美至善的阳光少年。

（2）"香山"兴趣课程在校本课程课时中实施。每周一、二、四、五下午 3:20—4:00 进行"香山"兴趣课程延伸活动。学校根据学生的年龄特点及不同教师的特长,利用好教材以外的课程教育资源,充分整合、优化地方课程资源,开设多门兴趣拓展课程。学生根据自己的兴趣与爱好,自主报名开展学习。

（二）评价机制

学校要将课程实施状况与学生的选择和家长的评价作为重要考量标准,根据课程规划评估标准对现行课程规划方案进行定期评估与修正。

（1）学校要以人为本,重视教师、学生、家长对于课程的评价。通过座谈、问卷调查等方式,了解教师对于学校课程实施的感受与评价,了解学生、家长对学校课程的期待与评判,并不断依据社区、学生、家长、教师的需求及学校实际课程实施情况微调学校课程规划方案。

（2）学校要以纲促评,通过课程纲要的制定和实施,形成课程评价机制,通过实施记录与及时反馈的方式,全程掌握课程实施情况。要定期对课程做出综合评价,并进行课程调整与修正。

（3）学校要由点及面,关注课程规划方案中的每一个课程实施细节,整体规划评价格局,促进课程规划方案修正、调整机制的形成。

（三）组织与保障

1. 组织机构建设

（1）成立学校课程规划领导小组。

学校课程规划领导小组架构：

组长：夏静。

副组长：徐苹（教学副校长）、蒋洁（教科室主任）。

成员：教导处主任、人事秘书、校本课程中心主任、教研组长。

（2）成立学校课程审议委员会。

学校课程审议委员会由校长、行政代表、教师代表、家长代表及相关专家等人员构成。

（3）成立学校学生课程选择指导中心。

学校学生课程选择指导中心由分管副校长、年级组长负责，指导学生根据自己的实际情况选择适合并感兴趣的课程进行学习。

2. 制度建设

（1）完善与课程改革相关的配套制度。

（2）完善促进学生全面发展和教师不断提高的评价机制。

3. 队伍建设

（1）加强校本课程教师队伍建设。

学校要以"十二五"主课题研究为抓手，充分发挥教师的个人特长与兴趣喜好，关注教师的自我发展态势，加强课程开发团队建设，形成教师个人开发和学校特色课程团队开发相结合的多元化开发格局。同时，学校也要拓宽课程授课教师的"视界"，根据需要聘请相关专家到校带动、带领教师进行特色课程的开发，形成"校外专家-校内教师"型的课程开发模式。

（2）健全校本研修制度。

学校要不断健全和发展校本研修制度，除采用传统的"请进来、走出去，专家报告、同伴研讨"方式外，还要加强专家的指导，加强与高校的合作，加强与相关学校的交流，不断增强教师的课程开发与实施的能力。

（3）政策激励。

学校要实施"精品课程工程"，提高校本课程开发质量。建立课程开发、实施评比制度，对于在这方面表现出色的教师，在绩效考核、评优评先中给予倾斜。要不断增加课程开发研究经费，建立课程开发专项经费，满足课程开发与实施的经费和设施购置需要。要建立校外课程实践基地，不断开发、拓展校内外课程资源。

（4）加强专家指导和引领。

学校要通过校外专家助推学校课程规划的制定与实施，在进行课程推进的各个环节，都确保理论扎实、行动踏实、推进坚实。

附：学校发展 SWOT 分析（附表 1）

附表 1　学校发展 SWOT 分析

	优势（S）	劣势（W）	机会（O）	威胁（T）
地理环境	学校地处太湖国家旅游度假区中心区，环境宜人	区域建设项目正在进行，交通情况复杂	区政府对教育加大投入，拟进行集束发展	周边乡镇有多所各具办学特色的小学
学校硬件	学校设施设备条件好，教育信息化配套到位	学校对现代化先进教学设备的有效利用和管理缺乏深入思考	学校推进"未来"校园学习环境建设的可能性大	学校在信息化促进教育发展的观念更新与实践创新上不能领先于同类小学
教师资源	学校拥有一支以朴实、踏实见长的教师队伍，既有经验丰富的老教师，也有充满活力的新教师，还有日渐成熟的青壮年学科骨干	学校缺少在各学科都具引领作用的名师团队	青年教师有一定的发展潜力，学校"十二五"主课题研究指向教师专业发展	人事制度改革与教师发展机制现状使教师易出现职业倦怠与压力过大的现象
学生状况	学生兴趣广泛，乐于动手，重视学业发展，有一定的活动能力	学生学习习惯、学习能力差异较大，视野相对狭窄，学习方式偏于传统，创新能力不足	"阅读工程""艺术教育"的推进、形式多样的拓展活动让学生有更多自主选择的机会	区域层面学业能力诊断等应试的压力；民工子弟学校停办，学生并入，使"两极分化"状况突出；现行教学评价方式的制约
课程资源	学校对课程建设有一些尝试和探索，地方课程资源丰富，家长资源也可利用	学校没有系统地对地方课程资源进行梳理	区域文化传承人、专家对教育重视；家校沟通渠道日益增多且保持畅通	信息时代网络传播带来的一些负面影响；区域建设过程中一些传统工艺的流失

（有改动）

舟山实验小学课程规划方案点评

李和明

要设计一所学校的课程规划，一般而言，应该考虑三个基本维度：第一是课程目标的精准度；第二是课程实施的可行性；第三是课程效益的可测性。从这样的维度来讨论舟山实验小学的课程规划方案，我觉得它在整体上是达到了优良等级的。

舟山实验小学是一所坐落在太湖之滨的全日制公立学校。它创办于20世纪末，只有20多年的办学历史。学校的主要生源是近来随着苏州城市化发展而不断壮大的"新苏州人"的子女。他们的家庭文化背景参差不齐，而且家长对学校教育的期望值普遍不低。该校师资队伍发展较快，整体上显得热情有余而经验不足，共性有余而个性不足。虽然校内外课程资源较为丰富，但学校进行课程化开发、转化和整合的意识与能力存在明显的短板。

在我看来，这个方案最值得注意的有三点。

1. 在认真分析学情的基础上，精确设定了思考、玩耍、交流、创造和求精的整体课程目标。把对思考习惯的培养放在首位，显然出于对多数学生存在的敬畏师长而个性独立意识偏弱的现实考量。在乡村成长起来的孩子，进了学校，往往是爱玩却不会玩，爱说而不会说，所以，玩耍和交流就成为课程目标的重要组成部分。许多孩子聪明却不够灵动，往往处在有想法而没办法，有做法而没章法的状态中。保护他们的创造力，增强他们的持久力，培育他们敢想、敢干又精益求精的信心、勇气和求学习惯，这样的课程目标，清晰地彰显出设计者对课程对象发展方向的精准把握。

2. 在充分挖掘地域资源的基础上，成功开发和构建了特色化的校本课程。学校毗邻以传统工艺遐迩闻名的舟山核雕村。舟山核雕村佳作迭出，大师云集。学校不少教师也长于此道，而部分学生家里就有核雕工坊。借助得天独厚的人文条件，学校精心打造了核雕课程基地，组建了校内外课程导师团队，编制了服务于课程教学的校本教材，在学校周边安排了课程活动场所。这一切都为校本课程的开发、转化、整合、实施做好了充分的准备。

3. 在全面设置学校各学段各年级课程框架的基础上，着力细化了课程实施的系统化评估指标。方案的设计者显然并不是纸上谈兵。对学校而言，课程实施的行为和实效才是最能体现课程领导力的焦点。对于这一点，我们可以从方案中创造性实施科学课程这一环节获得深刻印象。从内容上看，由纸飞机制作到电子制作再到无线电测向实践和建模实践，难度、梯度、契合度都得到了体现；从评估上看，从意识的培养到知识技能的掌握，从态度到成果，方案中都有了具体的衡量指标。尤其是针对课程成绩，定量与定性评价相结合，表现出了一种实事求是的精神。

当然，这个方案的设计也还有值得讨论的地方。比如国家课程实施，在内容上也许可供学校自主发挥的空间不大，而在拓展的过程中，很容易导致求深、求难、求多的倾向，无意中会加重学生的学业负担。这里的分寸极难把控。我们固然看到了必修与选修的分别，但该方案具体实施起来，还是会带来不小的困惑。我的建议是，与其在延伸拓展上下大力气，不如在具体实施效率上多做文章。事实上，国家课程的校本化实施，也许更需要课程领导力的增强。

（有改动）

示例2：越溪实验小学课程规划方案

（2019年10月）

为深入推进素质教育，有效实施课程改革，提升学校办学品质，本着"举扬帆教育之旗，走内涵发展之路，追求卓越"的办学理念，以"传承吴越文化精华，丰富校园文化内涵"为发展策略，朝着"创办省内一流的实验小学"的办学目标，特制订本方案。

一、学校课程规划的依据

苏州市吴中区越溪实验小学位于古老的越来溪畔。学校始建于1913年。近百年来，这所乡村小学六易其址，随着城乡一体化的加快推进，从一所纯乡村的普通小学发展成一所特色鲜明的实验小学。目前的校舍建于2004年，占地45 155平方米，建筑面积为28 766平方米，投资逾8 000万元。学校现有58个教学班、2 440名小学生、150多名教师。

在各级主管部门的关心和支持下，在全体教职员工的不懈努力下，学校不断发展、不断超越。2002年以来，学校先后成为吴中区首批常规管理先进学校、苏州市文明校园、苏州市常规管理示范小学、苏州市义务教育学校管理标准示范学校、苏州市教育信息化示范学校、江苏省教育工作先进集体、苏州市教育系统先进工会集体、苏州市德育先进学校、苏州市教育现代化学校、江苏省实验小学、教育部"教育管理信息化标准"应用示范区先进学校、全国"十一五"科研杰出单位、全国中小学中华优秀文化艺术传承学校。学校集体在区级以上获奖200多项。

学校依托地域文化，本着"传承吴越文化精华，丰富校园文化内涵"的宗旨，深入推进素质教育，以保护和传承以越溪古船拳为代表的地方文化为抓手，深挖其教育功能，以此推动学校特色发展，成效显著。教育部及省市各级领导曾先后莅临学校，视察船拳文化活动。国家体育总局体育文化发展中心在学校建立了"江南船拳文化研究中心"。以学校为保护单位的越溪船拳成为中国体育非物质文化遗产保护与推广项目、苏州市非物质文化遗产。学校已成为苏州市特色体育项目学校、苏州市特色文化学校、全国中小学中华优秀文化艺术传承学校。

（一）学校发展的SWOT分析（表1-6）

表1-6 学校发展的SWOT分析

	优势（S）	劣势（W）	机会（O）	威胁（T）
地理环境	学校地处苏州吴中区越溪街道，交通方便	区域建设加快推进，交通、人员复杂	开发区管委会对教育加大投入，重视学校的建设	周边具有多所有竞争力的小学
学校硬件	校舍建设能满足需求，环境布置到位，有浓厚的育人氛围。学校在信息化工作方面有一定优势	现代化先进教学设备的有效利用和管理有进一步完善的空间	有关部门已启动"智慧校园"建设，本校被纳入争创行列	当前周边学校建设进展很快，越溪二小在筹建中，石湖实小已建成，我校硬件优势不再明显。教育信息化硬件、活动配套设施更新快，本校的优势逐渐减小

续表

	优势（S）	劣势（W）	机会（O）	威胁（T）
教师资源	教师群体作风踏实，为人朴实，以两位苏州市学科带头人领衔的中青年学科骨干团队日渐成熟，一大批新教师充满活力	一大批近年新参加工作的年轻教师的能力还有待增强。学校缺少各学科具有引领作用的特级教师团队	一大批青年教师有一定发展潜力	当前的人事制度与评价机制易使教师出现职业倦怠与压力过大现象
学生状况	"新苏州人"占比逐年增加，不同的出生地导致文化背景多样，可塑性强	家庭背景原因造成学习习惯、学习能力差异较大	学生文化背景的多样性孕育出学生个性的多样性，形式多样的校园活动让学生更有自主选择的机会	区域层面学业能力诊断等应试的压力；现行教学评价方式方面的制约；家长家庭教育观念陈旧，只看重学习成绩的情况较突出，不注重对孩子能力、艺术素养等的培养
课程资源	学校对于课程建设有一些尝试和探索，地方课程资源丰富	学校尚未系统地对地方课程资源进行梳理，教师课程研究能力薄弱	专家重视对课程资源的开发和利用，校本特色课程前景广阔	学业成绩提高与兴趣能力培养冲突；随着时间的推移，地方非物质文化渐渐衰退

（二）校本课程需求分析

1. 学生方面

学生中"新苏州人"占比逐年增加。由于地域文化及教育背景不同，学生课程喜好和兴趣爱好也不同。问卷调查显示，学生极其期待适合自我的校本课程和兴趣活动，特别对选修类的艺体活动课程、学科拓展课程、船拳特色课程兴趣浓厚，对实践操作的内容表示出了高涨的热情。

2. 学校方面

学校本着"举扬帆教育之旗，走内涵发展之路，追求卓越"的办学理念，以"传承吴越文化精华，丰富校园文化内涵"为发展策略，朝着"创办省内一流的实验小学"的办学目标，积极探索，努力实践。自2006年起学校每年举行"校园文化节""船拳文化节""阅读节"等主题活动，让学生通过收集资料，制作电脑报、手抄报，设计节徽、吉祥物，做主题表演，开展知识竞赛等活动，传承民族文化，培养科学精神、创新意识、实践能力，提高综合素养。

3. 家长、社区方面

学校的生源很大一部分是"新苏州人"。家长普遍希望孩子融入当地社会。同时,越溪本地的学生家长更多的是期待学生有健康的身心,有较强的社会适应能力,有一定的现代意识,有创新与探索的精神和实践能力。

(三) 学校的愿景、使命与育人目标

1. 学校愿景

学校愿景:秉承"举扬帆教育之旗,走内涵发展之路,追求卓越"的办学理念,努力培养"行健如虹的扬帆少年",让学校成为学生健康成长的乐园。

2. 学校使命

学校使命:构筑惠风和畅的学校文化,让内涵丰满校园;推行清风徐来的教育风格,让教师智慧发展;营造临风自得的学习氛围,让学生快乐成长。

3. 育人目标

越溪实验小学的毕业生形象:"行健如虹的扬帆少年"。

二、学校课程计划及说明

学校的课程体系由国家课程和校本课程两块组成。学校考虑到学校特色与相关课程的整合,将综合实践活动课程内容与地方校本课程空间整合在一起,整体设计校本课程,将"行健如虹"品质细化在各板块的课程目标中。

(一) 课程结构 (图1-2)

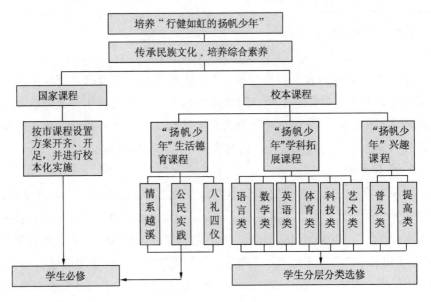

图1-2 课程结构

(二) 国家课程设置（表1-7）

表1-7 国家课程设置

周课时		年级						说明
		一年级	二年级	三年级	四年级	五年级	六年级	
科目	品德类课程 品德与生活	2	2					
	品德与社会			2	2	2	2	
	科　学			2	2	2	2	
	语　文	8	8	7	7	6	6	
	数　学	5	5	4	4	5	5	
	外　语	3	3	3	3	3	3	
	体育与健康	4	4	3	3	3	3	
	音　乐	2	2	2	2	2	2	
	美　术	2	2	2	2	2	2	
	综合实践活动			3	3	3	3	信息技术课程每周1课时，劳技课程每周1课时，还有1课时为校本研究性学习课程
	校本课程			2	2	2	2	详见校本课程安排表
周课时数		26	26	30	30	30	30	
学年总课时数		910	910	1 050	1 050	1 050	1 050	

说明：校本课程根据苏州市"三项规定"，利用下午3:20以后的活动时间进行。

（三）校本课程设置

1. "扬帆少年"生活德育课程

"扬帆少年"生活德育课程以"争做行健如虹的扬帆少年"为主要内容，分为情系越溪课程、公民实践课程、八礼四仪课程三个模块（表1-8）。

表1-8 "扬帆少年"生活德育课程

课程模块	课程目标	年级	教学（活动）内容
情系越溪课程	热爱校园	一年级	认识我们的校园
		二年级	寻访校园之美
		五年级	做最美溪小人
公民实践课程	珍爱生命	三年级	交规在我心
		四年级	防震逃生我能行
		六年级	孕育生命、珍爱自我
八礼四仪课程	传统守礼	一年级	入学仪式、行走之礼
		二年级	待人之礼、餐饮之礼
		三年级	观赏之礼、仪表之礼
		四年级	成长仪式、仪式之礼
		五年级	言谈之礼、游览之礼
		六年级	毕业仪式、至美汇聚

2."扬帆少年"学科拓展课程

在国家课程实施的基础上，学校开发与建设有学校特色的学科拓展校本课程，为学生提供丰富多样的课程资源，促进学生多元学习能力的形成。学校注重深入衡量校本特色，充分发掘教师特长，同时联络校外专家甚至社区专业人才，编写合适的课程纲要，按计划精心组织学习。学校开设了多门"扬帆少年"学科拓展课程（表1-9）。"扬帆少年"学科拓展课程主要分为语言类、数学类、英语类、体育类、科技类、艺术类六大类。

表1-9 "扬帆少年"学科拓展课程

课程模块	年级	教学（活动）内容
语言类	一至五年级	经典阅读
	四年级	小导游
	四至五年级	溪小文学社
	一至五年级	书法启蒙
数学类	一至二年级	生活数学
	一至五年级	计算技能
	三至五年级	数学思维

续表

课程模块	年级	教学（活动）内容
英语类	一至三年级	趣味英语
	四至五年级	课本剧社团
体育类	一至五年级	田径队
	三至五年级	船拳队
	四至五年级	跳绳踢毽队
	五年级	足球队
	一至二年级	短绳队
	三至五年级	冬季三项队
科技类	五年级	纸模拼搭小组
	三至五年级	金钥匙科技知识组
	四至五年级	模型纸飞机组
	三至五年级	科幻画组
艺术类	三至五年级	合唱、声乐
	一至二年级	舞蹈
	三至五年级	器乐（竹笛、长笛、黑管、萨克斯等）
	一至五年级	绘画（儿童画、画信、素描、国画）

3. "扬帆少年"兴趣课程

学校根据学生的年龄特点，利用校本课程教育资源，开设了"扬帆少年"兴趣课程。"扬帆少年"兴趣课程主要分为普及类和提高类两个大类。学生根据自己的兴趣爱好，参与不同类别的学习。学校本着"传承吴越文化精华，丰富校园文化内涵"的宗旨，着力打造办学特色，以"扬帆少年"兴趣课程为抓手，深入推进素质教育。

表1-10 "扬帆少年"兴趣课程

课程模块	年级	教学（活动）内容
普及类	一至二年级	初步了解越溪船拳
	三年级	学习《溪小拳影》上册，内容包括船拳的起源、船拳的特点、船拳基本动作、四方拳、船拳儿歌、船拳传说
	四年级	学习《溪小拳影》中册，内容包括江南船拳分布、拳师介绍、腿法基本动作、筱红拳、习武谚语和警句、习武小故事

续表

课程模块	年级	教学（活动）内容
普及类	五年级	学习《溪小拳影》下册，内容包括八黑拳、棍术、非物质文化遗产小知识、传承人介绍、武术拳种知识、江南船拳器械介绍
提高类	三至六年级	参加学校扬帆少年船拳提高班

（四）专项教育

1. 主题活动

（1）体育节：活动时间安排在每年的4月。

（2）"校园文化月"暨船拳文化节：活动时间安排在每年的5月至6月初。

（3）阅读节：活动时间安排在每年的10月至11月。

（4）艺术周：活动时间安排在每年的11月至12月。

2. 节庆活动

节庆活动紧扣各类节庆的时间节点，对学生进行相关的教育。

3. 家校共建

学校选择家长的特长领域，邀请家长走进课堂。组织家长与学生共读经典，在各类活动中和学生共同成长。

在以上活动中，学校以船拳文化节为重点，突出学校办学特色。学校在保护和传承越溪古船拳方面进行了大量探索和研究，并组织学生开展了多届船拳文化节活动，社会反响热烈。船拳已成功申报吴中区、苏州市非物质文化遗产。教育部体卫艺司及江苏省教育厅领导曾先后莅临学校，视察船拳文化活动。目前，学校已成为苏州大学体育学院武术教学实习基地、苏州市特色体育项目学校，国家体育总局体育文化发展中心也在学校建立了"江南船拳文化研究中心"。

三、实施建议与保障措施

（一）实施建议

1. 国家课程

对于各学科教学，学校要强调教学的有效性。通过加强日常管控和研讨，提高课程教学质量。通过对国家课程标准的深度解读，把握学科特点，明确教材编写体系及设计意图，整合学校特色和学生培养目标，实施有校本特色的教育教学活动。

2. 校本课程

（1）学校要有条件地开发校本教材，充分整合课程资源（包括教师、课堂、教学时间等）。所有的课程都要有具体的目标，有具体的资源保障，有具体的课程考核要求。

（2）"扬帆少年"生活德育课程主要在每学年的第一学期实施，由学校德育处在校长室的指挥下，具体负责管理。学校德育管理团队、班主任、副班主任要按要求实施，根据年段目标综合开展，利用本地的校外活动场所，整合班团队活动、心理健康活动、安全教育、法治教育等内容，走进学生内心，引导学生发现生活中的教育元素，形成良好的道德品质。

（3）"扬帆少年"学科拓展课程利用每周一、二、四、五下午3: 20—4: 00实施。学校根据学生的年龄特点及不同教师的特长，利用好教材以外的课程教育资源，开设多门拓展课程（主要包括语言类、数学类、英语类、体育类、科技类、艺术类六大类）。学生根据自己的兴趣与爱好，自主报名开展学习。课程由本校各科教师组织实施。

（4）"扬帆少年"兴趣课程普及类主要利用各年级每周一课时的研究性学习课进行。报名提高类的学生参加学校"扬帆少年"船拳提高班，利用课外活动时间进行学习。"扬帆少年"兴趣课程的教育活动要紧扣传统文化，以活动来丰富特色。一是课堂教学要渗透传统文化。教师要立足课堂主阵地，深入钻研各科教材，充分发掘教材中所蕴含的传统文化因素，使传统文化渗透科学化、经常化、系列化。二是主题活动要凸显传统文化。学校要定期举办校园文化主题活动，开展越溪诗词节、地方掌故阅读节、船拳文化节、家乡新貌摄影绘画赛及方言故事比赛等活动；通过"唱一唱""玩一玩""写一写""画一画""讲一讲""拍一拍"等形式，组织师生唱民谣、玩游戏、写传说、画风景、讲地方掌故、拍古迹影像，以丰富多彩的活动凸显"扬帆少年"兴趣课程的校本特色。

（二）评价机制

学校要树立正确的教育质量观，不断转变观念，严格制订评价方案，采用多种评价方式，对课程实施更加科学规范的评价。

1. 国家课程的评价

学校要遵循国家课程的评价机制，不断研究评价的校本化、科学化方式。

2. 校本课程的评价

（1）"扬帆少年"生活德育课程采用成长档案袋等方式实施过程性评价。

教师根据各类课程的教学目标与计划，设计适合在各年段开展的学科活动，并通过有目的、有计划地选择、收集学生个案点滴，展示学生在一段时间内成长与进步的历程。

（2）"扬帆少年"学科拓展课程和"扬帆少年"兴趣课程以展示为评价的重要方式。教师以学生的阶段性成果、心得体会为内容，通过汇报演出、版面展示等方式，将学生的收获展示出来，以提高学生的学习积极性与主动性。

（三）组织与保障

1. 管理机构建设

（1）成立学校课程规划领导小组。

学校课程规划领导小组架构：

组长：夏静（校长）。

副组长：俞霞芳（校长助理）。

成员：德育处主任、教导处主任、年级组长、教研组长、学科教师等。

（2）成立校本课程审议委员会。

校本课程审议委员会由教育局课程管理领导、学校教代会、相关专家及家长委员会等构建。

（3）成立学校学生课程选择指导中心。

学校学生课程选择指导中心由分管副校长、教导处主任、德育处主任、年级组长负责，指导学生根据自己的实际情况选择适合并感兴趣的课程进行学习。

2. 制度保障

学校根据课程推进的实际需要，不断建立并健全课程实施奖励制度、校本教研制度、教师考核制度、师生评价方案等，不断完善与课程改革相关的配套制度，保障课程实施到位。

3. 队伍建设

拥有一支强大的师资团队是学校课程建设得以顺利实施的保证。学校要继续充分发掘学校内部具有兴趣特长的教师担任课程教学，以教师推进课程建设，以课程发展教师。要继续组织培训，培养师德高尚、敬业爱岗、专业性强的骨干教师，组建梯形教师发展团队。要积极建设已有校本专家资源库，深入民间，发掘社区中的文化传承人，充实学校师资团队的力量。

（有改动）

越溪实验小学课程规划方案点评

李和明

对于每一位抱持着炽热教育情怀的校长来说，对学校课程的规划设计不仅仅意味着对学校各类教育资源的了解、整合与调度的能力，更意味着对学校课程应该蕴含的文化品质的追求。

一般而言，课程文化是学校文化建设的核心组成部分。同时，我们也可以换个角度来看，学校文化本身也正是课程文化建设的一个重要依托和宝贵资源。

"扬帆"教育是越溪实验小学校园文化建设的主题。我们可以发现，在原有基础上规划学校课程的时候，这一学校文化主题深刻而有机地渗透在方案的肌理之中。我们甚至可以这样认为，这一方案所呈现出来的课程文化品质的高度，其实就体现了设计者对学校文化主题的认知深度和驾驭力度。

首先，"扬帆"表现出课程的一种精神气象。

"长风破浪会有时，直挂云帆济沧海。"这是李白的诗句，也是"扬帆"教育主题的触发点。规划学校课程，当然应该站在人生发展的未来高点，承担立德树人的伟大使命，给今日之少年挂起远航的征帆。"行健如虹"作为课程设定的育人目标，实际上蕴含了三个基本特征：进取的、阳光的、多彩的。落实在具体的方案中，我们就看到了强化情感涵育的生活德育课程和多姿多彩的兴趣课程。

其次，"扬帆"寄托了课程的一种价值追求。

儿童的生命本性是张扬的。他们如同蓓蕾，沐浴在阳光下，就要热烈地舒展经脉、绽放色彩、吐露芬芳。学校课程的文化底色，是鼓励还是抑制儿童的天性，代表了截然不同的价值观。"扬帆"教育这一校园文化主题反映了课程规划方案制订者的选择。从这样的选择中，我们看到了现代社会对传统学校教育的深刻改造。而特别值得注意的是，越溪实验小学的课程规划方案分明流露出对于传统文化传承的自觉。"公民实践""八礼四仪"呼应着"传承民族文化，培养综合素养"的目标诉求，在现代学校发展中，为个性张扬的园地若隐若现地围上了理性的篱笆，也给"行健如虹"的"健"字做出了完整的阐释。当然，也是在这个方面，我觉得课程规划方案在张弛收放的分寸拿捏上似乎还欠了一些火候。

再次，"扬帆"寓意着课程是一种力的凝聚。

"潮平两岸阔，风正一帆悬。"从表面上看，"扬帆"似乎只是借助了风的力量。其实，仔细了解了风帆的结构，我们就会发现，刚健挺拔的主桅杆，灵动巧妙的斜撑杆，还有横杆、帆页、滑轮、脚索，船体上的稳向板、舵轮、脚蹬带等，整体构成了舟船破浪前行的动力系统。高品质的学校课程从来都体现为各种力量的协作和汇聚。越溪实验小学的课程规划，在国家课程与校本课程之间，在基础课程和拓展课程之间，在必修课程和选修课程之间，都注意到了补充照应、相辅相成，让整体框架有了一种浑成之美。

最后，"扬帆"还隐含着课程的一种地方特色。

越溪实验小学课程规划中的船拳课程是校本课程的一大醒目的亮点。越溪船拳是富于江南水乡特色的传统文体项目，有着数百年的发展历史，如今作为地方性的文化遗产，需要借助学校课程的力量，传承、创新，在新时代得到合理的保护和弘扬。船拳以船为习武健身、起舞传情的工具，人影闪展腾挪，下盘沉稳，拳势飘忽，是中国武术力与美结合得非常自然巧妙的代表。我们注意到，学校开发实施的这一富有地方文化特色的校本课程，在规划中有了综合性的意味——融品德培育、知识学习、技能训练、文化理解、精神提炼等课程目标于一体，超越了简单的观摩、体验、展示等所谓"博物馆课程"的层次，彰显出独特的课程文化品质。

"扬帆"课程的规划方案前后有过一点修订。我觉得，不断完善、不断充实、不断提升，正是一个课程具有生命力的标志。规划就是拿来突破的，尤其是在课程文化品质的观照下。

（有改动）

第三节　乡村小学学科课程纲要示例

示例1：越溪实验小学三（1）班语文学科课程纲要（表1-11）

表1-11　越溪实验小学三（1）班语文学科课程纲要

课程名称	小学语文		执教教师	王彤彤
适用年级	三	总课时　94	课程类型	国家课程
课程简介	\multicolumn{4}{l}{本册教材主要由精读课文、略读课文、口语交际、习作、语文园地几个部分组成，安排了8个单元，共27篇课文。 　　教材中所编选的课文内容丰富、充满情趣，既有表现学校生活的课文，如《大青树下的小学》，又有描写金秋时节的课文，如《秋天的雨》；既有展现丰富童话世界的课文，如《卖火柴的小女孩》，又有描写祖国美好河山的课文，如《富饶的西沙群岛》；既有展示人与自然和谐关系的课文，如《大自然的声音》，又有展现人物美好品质的课文，如《掌声》。课文有记叙文、诗歌、童话故事等，既能使学生了解更多的知识，接受更多的教育，又能开阔学生的阅读视野。除了6个普通单元外，教材中还有两个特殊单元，一个是阅读策略单元，一个是习作单元。 　　每一单元都有导语和语文园地。导语主要揭示人文主题，以及落实语文要素。语文园地是对这一单元的小结梳理。另外，教材还安排了8次习作和4次口语交际。 　　全册要求认识的生字有250个，要求会写的生字有250个。课文后面的作业题安排了如下内容：朗读、背诵等，常用词语的训练，阅读训练，小练笔。}
学情分析	\multicolumn{4}{l}{三（1）班共有学生43人，其中男生22人，女生21人。经过低年级两年的语文学习，班级学生基本能较好地掌握汉语拼音，利用它进行识字与阅读并学习普通话。具备一定的识字能力的学生，能灵活地运用多种方法记忆生字。 　　中年级的学习要求相较于低年级有所改变，学生需要花时间适应。班级有个别学生生性好动，在课上不能较好地倾听教师与同学的课堂语言。20%的学生上课表现得不够积极，习惯接受式学习，因为不自信，回答问题声音比较低，语言表达水平有待进一步提高。学生自主阅读、积极思考的习惯还有待养成，有一半的学生独立阅读的能力不强。因此，教师需要努力引导和督促学生开展课外阅读，培养学生带着问题思考的能力。 　　在习作方面，学生熟练运用语言的能力需要加强。教师需要让学生将阅读的积累运用在习作上。 　　另外，学生之间的阅读能力、思维能力、表达能力差异很大。30%的学生接受能力强，反应敏捷；15%的学生遗忘较快，接受能力弱；其他学生能够在教师的督促鼓励和自我努力下达到学习要求。 　　本学期，教师要继续激发学生的学习兴趣，让学生自主学习、合作探究，使他们在语言文字的学习和实践中，了解社会，认识自然；坚持把培养学生良好的学习习惯放在不可忽视的地位，帮助学生扎扎实实地打好语文学习的基础，全面提高学生的语文素养。}

续表

课程目标	
	• **识字写字：** （1）准确认读 250 个字。 （2）能按笔顺正确书写、默写 250 个生字。能按字的结构把字写端正、写匀称。 • **阅读：** （1）阅读时，关注有新鲜感的词语和句子。 （2）运用多种方法理解难懂的词语。 （3）能初步把握文章的主要内容，揣摩文章的叙述顺序，体会作者的思想感情，初步领悟作者的一些表达方法。 （4）学习预测的一些基本方法，一边读一边预测，顺着故事情节去猜想。 （5）体会作者是怎样留心观察周围事物的。 （6）借助关键语句理解一段话的意思。感受课文生动的语言，积累喜欢的语句。 （7）学习带着问题默读，理解课文的意思，默读有一定速度。 （8）每学年背诵 30 篇左右优秀诗文。 （9）能借助字典或有关资料独立阅读程度适合的读物，了解主要内容。 （10）逐步养成课前预习、课后复习、课外阅读的习惯。 （11）课外阅读不少于 15 万字。 • **写作：** （1）留心周围事物，养成勤于观察、思考和乐于动笔的习惯，体会习作的乐趣。 （2）留心生活，仔细观察，把观察所得写下来，把自己的想法记录下来，学习写日记。 （3）能不拘形式、自由地把自己的见闻和想象写出来，内容具体，感情真实，语句通顺。 （4）尝试续编故事，试着自己编童话、写童话。 （5）习作的时候，试着围绕一个意思写。 （6）学习修改自己的习作，正确使用逗号、句号、问号等常用的标点符号。 • **口语交际：** （1）将自己的暑假经历讲清楚。 （2）把了解到的名字信息讲清楚。 （3）对于身边的"小事"，清楚地表达自己的看法。 （4）学会有礼貌地向别人请教。 （5）认真倾听别人讲话，边听边想，了解主要内容。 （6）参加讨论时能说清自己的意思，有不理解的地方时能向别人请教，有不同的意见时能与别人商量。 • **语文园地：** （1）交流平台：梳理、总结单元要点，落实语文要素。 （2）词句段运用：积累课外词句并学会运用。 （3）日积月累课外阅读：《所见》《早发白帝城》《采莲曲》等古诗词，以及名言警句等。

续表

	内容	单元内容及课时	本单元主要目标及实施要求	日期安排
学习主题/活动安排（请列出教学进度，包括日期、周次、内容、实施要求）	课本学习	学校生活 1—9 课时	（1）认识本单元"坝、汉、艳"等 28 个生字，会写"晨、绒、球"等 26 个生字，理解"绚丽多彩"等词语的意思。 （2）正确、流利、有感情地朗读课文，能够背诵古诗《所见》，形成古诗文化积累。 （3）能够理解课文内容，感受各民族团结、欢乐的祥和气氛，体会大自然事物的美好与奇妙，同时培养不懂就问的良好学习习惯。 （4）通过与同学分享暑假生活的快乐，增强口语表达能力。 （5）能够在介绍自己熟悉的人物时，抓住其最主要的特点，初步培养习作的兴趣。 （6）培养摘录好词、好句的良好习惯，不断丰富语言文字的有效积累。	2019 年 9 月 2 日至 15 日
		金秋时节 10—20 课时	（1）认识本单元"径、斜、赠"等 36 个生字，会写"寒、径、斜"等 39 个生字，理解有关词语的意思。 （2）能正确、流利、有感情地朗读课文，能背诵三首古诗、《秋天的雨》第二自然段，以及一组关于描写秋天景物特点的词语，同时能够默写古诗《山行》。 （3）理解课文的内容，体会古诗所描绘的美好意境，以及文章作者对于秋天的喜爱和赞美之情，能够在想象秋天画面的过程中激发热爱秋天大自然的美好情感。 （4）能够借助对不同季节特点的感知，积累描写季节特点的词语，形成丰富的语言积累。 （5）掌握更多理解词语的方法，增强感悟语言文字的能力。 （6）通过书写生字，进一步感知汉字书写的基本规律，培养汉字审美与书写能力。	2019 年 9 月 16 日至 29 日

续表

内容		单元内容及课时	本单元主要目标及实施要求	日期安排
学习主题/活动安排（请列出教学进度，包括日期、周次、内容、实施要求）	课本学习	童话世界 21—29课时	（1）认识本单元"旧、饿、卷"等46个生字，会写"柴、冷、旧"等26个生字，理解词语的意思。 （2）正确、流利、有感情地朗读课文，能够背诵并积累关于道理的名言警句。 （3）理解课文的内容，感受童话故事的奇妙、有趣，以及故事人物所体现出来的美好品质，体会蕴含在故事中的深刻道理，并有所启迪。 （4）能够展开大胆的想象去创编童话故事，增强运用语言文字的能力。 （5）感受汉字有趣的构词特点，初步领悟偏旁表意的意义，增强自主学习汉字的能力。 （6）掌握几种基本的修改符号，能够将其应用到习作修改中。	2019年9月30日至10月20日
		策略单元：预测 30—37课时	（1）认识"暴、凑、喵"等28个生字，会写"洞、准、备"等13个生字，理解词语的意思。 （2）正确、流利、有感情地朗读课文，能背诵有关团结合作主题的名言警句。 （3）理解故事的内容，感受故事的人物形象及精神品质，能够理解故事中所蕴含的深刻道理。 （4）感知藏在名字里的美好寓意，了解与名字有关的故事。 （5）能够借助图画续写故事，培养观图说图、合理想象、流畅表达等综合能力。 （6）巩固单元学习认知，了解预测的重要作用，并能在学习过程中加以合理运用。 （7）能够借助查字典或联系语境的方式，准确认读汉字，增强自主学习汉字的能力。 （8）体会成语的有趣特点，进一步丰富词语的认知。体会引号的用法，初步感知提示语的几种不同位置。	2019年10月21日至11月3日

续表

内容		单元内容及课时	本单元主要目标及实施要求	日期安排
学习主题/活动安排（请列出教学进度，包括日期、周次、内容、实施要求）	课本学习	习作单元：观察 38—43课时	（1）认识本单元"父、啦、鹦、鹉"等11个生字，会写"搭、亲、父"等26个生字，理解相关词语的意思。 （2）正确、流利、有感情地朗读课文。 （3）理解课文内容，懂得留心观察生活的重要性，感知作者对事物的仔细观察，初步掌握从不同方面观察事物的方法。 （4）体会人与自然和谐相处的美好意境，唤醒热爱动物、热爱自然的美好情感体验。 （5）能够学以致用，能将学到的观察方法运用到对事物或场景的观察和描写过程中，不断增强自己的习作能力。	2019年11月4日至12日
		祖国河山 44—55课时	（1）认识"亦、抹、宜"等42个生字，会写"断、楚、至"等51个生字，认识"抹、磨"等6个多音字，理解相关词语的意思。 （2）正确、流利、有感情地朗读课文，能够背诵四首古诗，并能默写《望天门山》。 （3）理解课文内容，感悟诗歌意境美，感受祖国山河的美丽与壮观，体会作者对祖国的喜爱和赞美之情。 （4）通过探究交流，进一步感受汉字的构字特点，体会偏旁与字义的关系，增强自主识字能力。 （5）学会借助关键句理解一段话的意思，增强品读、感悟语言文字的能力。 （6）能够围绕一个意思，将自己观察到的景物特点介绍清楚，并表达对景物的喜爱之情。	2019年11月13日至26日

续表

内容		单元内容及课时	本单元主要目标及实施要求	日期安排
学习主题/活动安排（请列出教学进度，包括日期、周次、内容、实施要求）	课本学习	我与自然 56—65课时	（1）认识"妙、奏、呢"等24个生字，会写"演、奏"等38个生字，理解相关词语的意思。 （2）正确、流利、有感情地朗读课文，背诵《大自然的声音》第二、三自然段及古诗《采莲曲》。 （3）理解课文内容，感受自然界中的有趣现象，体会作者对美好大自然的喜爱之情。 （4）留心观察生活，能够将自己的想法记录下来，并敢于在交流过程中大胆发表自己的见解。 （5）掌握几种简单的做笔记的方法，积累语言文字的同时，增强感悟语言文字的能力。 （6）感受词语在句子中的表达作用，并在写话训练中实现认知内化。 （7）掌握汉字撇、捺两种笔画的书写要领，增强对汉字的审美与书写能力。	2019年11月27日至2019年12月10日
		美好品质 66—76课时	（1）认识"司、跌、皆"等41个生字，会写"司、庭、登"等31个生字，认识"落、调、斗、大"4个多音字，理解相关词语的意思。 （2）正确、流利、有感情地朗读课文，背诵《司马光》及有关"爱"的名言。 （3）理解课文内容，体会文中人物的美好精神品质，从小培养关爱他人的良好品质。 （4）学会在遇到困难时合理向别人发出请求，并能够把问题和困难表达清楚。 （5）能够有条理地将印象最深刻的一件事情写清楚、完整，同时表达自己高兴的心情。 （6）通过交流学习，能够进一步掌握默读的学习方法，增强自主阅读的效果。 （7）通过字词句训练，有效增强感悟、运用语言文字的能力，同时培养在生活中学习语文的良好习惯。	2019年12月11日至2019年12月29日

续表

内容	单元内容及课时	本单元主要目标及实施要求	日期安排
	总复习、评价 77—92课时	组织学生对本学期的学习内容进行系统的归类复习，使学生扎实掌握生字新词，积累名言警句及优美段落，并在解题上掌握技能技巧，习得良好的学习方法，进行口头测试和书面测验。	2019年12月30日至2020年1月12日
学习主题/活动安排（请列出教学进度，包括日期、周次、内容、实施要求） 课外拓展	93—94课时	1. 公布本学期必读、选读书目和必背古诗词。 2. 每月开展一次读书交流会。 3. 在学期结束后进行自主阅读检测，表彰十佳。 4. 古诗词诵读目标： （1）培养学生热爱祖国传统文化、了解祖国优秀文化的意识，提升学生的人文素养。 （2）增强学生的朗读能力，培养学生的朗读兴趣和习惯。 （3）构建书香班级，更好地营造学习氛围。 5. 阅读目标： （1）掌握最基本的阅读方法，学会浏览、略读、精读等读书方法。 （2）能利用多种渠道扩展自己的阅读量，课外阅读总量不少于300万字。 （3）能主动进行探究性学习，在实践中学习、运用语言文字，学会摘记和写读书心得。 （4）在阅读中学会独立思考，具有独立阅读的能力，注重情感体验，有丰富的积累，形成良好的语感。 （5）学会选择课外阅读书籍、报刊，能初步理解、鉴赏文学作品，受到高尚情操的熏陶，发展个性，丰富自己的精神世界。 附：必读、选读书目及古诗词 ● 必背古诗词篇目 （1）杜牧《山行》（远上寒山石径斜）。 （2）范成大《四时田园杂兴》（昼出耘田夜绩麻）。	每月一次（月底抽查必背古诗词，诵读积累）

续表

	内容	单元内容及课时	本单元主要目标及实施要求	日期安排
学习主题/活动安排（请列出教学进度，包括日期、周次、内容、实施要求）	课外拓展	93—94课时	（3）范成大《四时田园杂兴》（梅子金黄杏子肥）。 （4）韦应物《滁州西涧》（独怜幽草涧边生）。 （5）李峤《风》（解落三秋叶）。 （6）韩愈《早春》（天街小雨润如酥）。 （7）王之涣《凉州词》（黄河远上白云间）。 （8）王翰《凉州词》（葡萄美酒夜光杯）。 ● 必读书目 （1）郑渊洁《皮皮鲁送你100条命》，二十一世纪出版社。 （2）叶圣陶《叶圣陶童话全集》，人民教育出版社。 （3）孙幼军《怪老头儿》，云南人民出版社。 （4）雅各布·格林、威廉·格林《格林童话》，译林出版社。 （5）卡诺·科洛迪《木偶奇遇记》，江苏人民出版社。 （6）季诺《列那狐传奇故事》，开明出版社。 ● 选读书目 （1）方素珍《我有友情要出租》（绘本），中国和平出版社。 （2）郑渊洁《鲁西西传》，学苑出版社。 （3）洪汛涛《神笔马良》，长江文艺出版社。 （4）赵世杰《阿凡提的故事》，云南美术出版社。 （5）詹姆斯·巴里《小飞侠彼得·潘》，中国少年儿童出版社。 （6）爱斯米·科德尔《特别的女生萨哈拉——一个孩子的特别成长经历》，陕西师范大学出版社。	每月一次（月底抽查必背古诗词，诵读积累）

续表

内容		单元内容及课时	本单元主要目标及实施要求	日期安排
学习主题/活动安排（请列出教学进度，包括日期、周次、内容、实施要求）	课外拓展	93—94课时	（7）威勒德·普赖斯《亚马孙探险》，北京少年儿童出版社。 （8）汉斯·尤尔根·普雷斯《游戏中的科学》，山西人民出版社。 （9）米拉·洛贝《苹果树上的外婆》，新蕾出版社。 （10）崔海飞《中国寓言故事》，二十一世纪出版社。 （11）埃里希·凯斯特纳《两个小洛特》，明天出版社。 （12）曹文轩《成语故事精选》，江苏文艺出版社。 （13）纪江红《世界之最》，华夏出版社。	每月一次（月底抽查必背古诗词，诵读积累）
课程评价			为了更好地培养学生的自主学习能力，本学期注重评价形式的多样化。 （1）考查与考核结合。 考查：日常考查，通过课堂反馈、作业检查、课下交流等形式对学生进行评价。 考核：定期进行期终测试。 （2）书面与口头考试结合。 口头考试包括朗读、口语交际等。 书面考试包括习作、练习及期终测试。 （3）过程性与终结性结合。 注重平时日常的反馈与最后的书目测试相结合。 分项实施，分四个等级：优秀、良好、合格、不合格需改进。 （4）教师考核与生生互评、家庭自评结合。 注重多方、多元评价。 朗读与书写：朗读要求每篇课文都尽可能读得正确流利、声情并茂。书写注重平时的作业书写规范、端正程度。 积累与运用：考查对字词、读音的掌握情况，对经典语段、古诗词的积累及运用情况。 阅读与理解：结合课内、课外阅读，考查捕捉信息、提炼信息、把握主要内容、鉴赏好词佳句与修辞手法等的能力。 习作与表达：通过平时的习作、片段仿写、日记等，重点评价能否留心观察事物，内容是否具体，感情是否真实。		

续表

课程评价	附： 1. 语文素养各方评价表（家庭自评、生生互评、学校考评）。 	类别	等级						说明
	平时	平时	平时	平时	期终	单项总评	
朗读与书写							① 单项总评＝60%平时＋40%期终 ② 综合总评＝20%朗读与书写＋25%积累与运用＋25%阅读与理解＋30%习作与表达
积累与运用							
阅读与理解							
习作与表达							
综合总评							| 2. 语文素养终评表。 | 类别	等级		说明
---	---	---	---
	单项总评	终评	
家庭自评			③ 终评＝15%家庭自评＋15%生生互评＋70%学校考评
生生互评			
学校考评				

（有改动）

越溪实验小学三（1）班语文学科课程纲要点评

张郁芳

　　本课程纲要是依据国家义务教育阶段小学语文学科课程标准，结合教育部统编版小学语文三年级上册教材及苏州市吴中区越溪实验小学三（1）班学生学情等因素，对本学期的语文学科的课程目标、主要内容、实施要求和课程评价进行整体设计的专业方案。本课程纲要严格遵循国家语文课程标准,并注意将教材要求和本班学生学情相结合,具有明确而比较适切的课程目标,为课程的实施明确了方向。课程内容的呈现做到了既紧扣教材,又有适度课外拓展,而拓展内容也能紧紧围绕提升学生学科素养和必备能力展开。课程评价注重评价形式多样化、评价内容多维度,实现了三结合,即考查与考核结合、过程性与终结性结合、口头与书面结合,具有一定的可操作性。本课程纲要文本呈现规范,思路清晰,结构合理。希望教师在课程纲要的制订中凸显学生主体,更多地从学生学习的角度出发,避免过强的"教师立场"意识,同时要注意提升目标、内容、实施、评价等要素的一致性程度。

(有改动)

示例2:越溪实验小学五(1)班语文学科课程纲要(表1-12)

表1-12 越溪实验小学五(1)班语文学科课程纲要

课程名称	小学语文		执教教师	张晓婷
适用年级	五	总课时 94	课程类型	国家课程
课程简介	本册教材主要由精读课文、略读课文、口语交际、习作、语文园地几个部分组成,安排了8个单元,共27篇课文。 　　教材中所编选的课文内容丰富、充满情趣,既有表现大自然美好景物的课文,如《白鹭》,又有描写淳朴民风的课文,如《搭石》;既有展现精彩民间故事的课文,如《牛郎织女》,又有表现古今文人爱国情怀的课文,如《少年中国说》;既有展示有关自然科普的课文,如《太阳》,又有展现舐犊情深的课文,如《慈母情深》。从体裁上看,教材中有记叙文、诗歌、民间故事等,既能使学生了解更多的知识,接受更多的教育,又能开阔学生的阅读视野。除了6个普通单元外,教材中还有两个特殊单元,一个是阅读策略单元,一个是习作单元。 　　每一单元都有导语和语文园地。导语主要揭示人文主题及落实语文要素。语文园地是对这一单元的小结梳理。另外,教材还安排了8次习作和4次口语交际。 　　全册要求认识的生字有200个,要求会写的生字有220个。课文后面的作业题安排了如下内容:朗读、背诵等,常用词语的训练,阅读训练,小练笔。			

续表

学情分析	五（1）班共有学生39人，其中男生21人，女生18人。 知识掌握方面：五年级的学生有一定的语文学习能力，能及时认真地写字、朗读和背诵，完成一些基本的语文练习，掌握一些理解词语的方法，在阅读理解方面能掌握一些分析和理解的方法，但10%的学生口头表达能力、书面表达能力不强。 能力方面：从班级整体的学生特点来看，70%左右的学生具有一定的阅读理解和习作的能力，25%的学生课堂表现突出，积极思考，勇于发言。他们的口头表达能力与交往协助能力有了一定的发展。有些学生乐于写作，也有部分学生阅读理解缺乏方法，怕写作文。本学期，教师将继续培养学生的自读自悟能力、合作学习能力、质疑问难能力，引导学生积累语言、丰富语文知识、努力提高阅读和习作水平，训练学生灵活运用掌握的知识，以提高学生的综合语文素养。现阶段，五年级学生主要是综合性练习与扩展性练习的解题能力较差，做练习时解题方法不够灵活。教师要加强引导。 学习习惯方面：学生整体学习积极性很高。部分学生的学习态度比较好，能主动参与课堂学习，自觉地完成各项作业。每班都有几个学生有语文学习障碍，需要特别关注。部分家长忙于工作，对孩子的学习漠不关心，以至于孩子的回家作业得不到保障，影响了学习成绩。这些学生自主学习的习惯还有待养成。
课程目标	• 识字写字： 有较强的独立识字能力。认识常用汉字200个，会写常用汉字220个。硬笔书写楷书，要求行款整齐、美观，有一定速度。 • 阅读： （1）能用普通话正确、流利、有感情地朗读课文。 （2）默读有一定的速度，默读一般读物每分钟不少于300字。 （3）能灵活采取多种方法，理解文中词句的意思，辨别词语的感情色彩，体会其表达效果。 （4）在阅读中了解文章的表达顺序，体会作者的思想感情，初步领悟文章的基本表达方法。在交流和讨论中，敢于提出看法，做出自己的判断。 （5）阅读叙事性作品，了解事件梗概，简单描述自己印象最深的场景、人物、细节。阅读诗歌，大体把握诗意，想象诗歌描述的情境，体会作品的情感。阅读说明性文章，抓住要点，了解文章的基本说明方法。 （6）在理解课文的过程中，体会顿号、破折号等标点符号的用法。 （7）扩大阅读面。课外阅读总量不少于25万字。 • 写作： （1）懂得写作是为了自我表达和与人交流。 （2）养成留心观察周围事物的习惯，有意识地丰富自己的见闻，表达个人的独特感受，积累习作素材。 （3）能写简单的纪实作文和想象作文，做到内容具体、感情真实。能根据内容表达的需要，分段表述。 （4）学会修改自己的习作，并主动与他人交换修改，做到语句通顺，行款正确，书写规范、整洁。根据表达需要，正确使用常用的标点符号。

续表

课程目标	• 口语交际： （1）与人交流能尊重和理解对方。 （2）乐于参与讨论，敢于发表自己的意见。 （3）听人说话认真、耐心，能抓住要点，并能简要转述。 （4）表达有条理，语气、语调适当。 （5）能根据对象和场合，稍做准备后做简单的发言。 （6）注意语言美，抵制不文明的语言。 • 语文园地： （1）交流平台：梳理单元要点，落实语文要素。 （2）词句段运用：积累课外词句并学会运用。 （3）日积月累课外阅读：《蝉》《渔歌子》《观书有感》等古诗词，以及名言警句等。			
学习主题/ 活动安排 （请列出教学进度，包括日期、周次、内容、实施要求）	内容	单元内容及课时	本单元主要目标及实施要求	日期安排
	课本学习	一花一鸟 总关情 1—9课时	（1）能正确、流利、有感情地朗读课文，背诵指定课文，抄写自己喜欢的段落，积累优美词句。 （2）会认本单元"鹭、嫌、黛"等26个生字；会写本单元"宜、鹤、嫌"等29个生字；理解由生字组成的词语的意思，积累并学习运用。 （3）能根据具体的语言材料想象课文所描写的事物，感悟课文所表达的思想感情，初步学习借助具体事物抒发感情的方法。 （4）能通过口语交际，与同学合作探究，学会制定班级公约。 （5）能在习作中介绍自己的心爱之物，注意把事物写得具体生动，围绕心爱之物，表达自己的喜爱之情，并练习修改习作。 （6）增强阅读理解能力，养成积累的习惯。 （7）能品读本单元课文，体会和感受课文中所表达的对大自然中景物的喜爱与赞美之情。	2019年9月2日至15日

续表

内容		单元内容及课时	本单元主要目标及实施要求	日期安排
学习主题/活动安排（请列出教学进度，包括日期、周次、内容、实施要求）	课本学习	阅读策略单元，提高阅读速度 10—20 课时	（1）能正确、流利、有感情地朗读课文，把握课文主要内容，体会作者的思想感情。 （2）会认本单元"汛、间、谴、惰"等36个生字；会写本单元"汛、访、鞋、挽"等42个生字；理解由生字组成的词语的意思，积累并学习运用。 （3）凭借具体的语言环境想象课文描写的故事情境，感悟课文所表达的思想感情。 （4）在习作中学习结合具体事例写出人物的特点。 （5）培养阅读理解能力和积累的习惯，掌握更多提高阅读速度的方法。 （6）通过书写生字，进一步感知汉字书写的基本规律，培养汉字审美与书写能力。	2019年9月16日至29日
		民间故事 21—29 课时	（1）能正确、流利、有感情地朗读课文，把握课文主要内容，体会作者的思想感情。 （2）会认"酬、誓、谎"等25个生字，会写"酬、珍、叮"等25个生字；理解由生字组成的词语的意思，积累并学习运用。 （3）凭借具体的语言材料想象课文描写的故事情境，感悟课文所表达的思想感情，增强热爱祖国文化的情感。 （4）能通过口语交际，学习讲民间故事。 （5）能在习作中学习按照要求缩写民间故事。 （6）培养阅读理解能力和积累的习惯。 （7）通过对本单元课文的品读，想象课文描写的画面，感受课文中人物的美好品质。	2019年9月30日至2019年10月20日

第一章 课程规划能力建设

续表

内容		单元内容及课时	本单元主要目标及实施要求	日期安排
学习主题/活动安排（请列出教学进度，包括日期、周次、内容、实施要求）	课本学习	家国之殇 30—37课时	（1）能正确、流利、有感情地朗读课文，背诵指定课文，默写《示儿》，把握课文主要内容，体会作者的思想感情。 （2）会认本单元"乃、熏、亥、恃"等33个生字，会写本单元"祭、乃、熏、杭"等30个生字；理解由生字组成的词语的意思，积累字词并学会运用。 （3）能凭借具体的语言材料想象课文情境，感悟课文所表达的爱国情怀，增强热爱祖国的情感。 （4）能在习作中描写自己20年后的家乡，并按照一定的顺序，把想象的场景或事件写具体，写出真情实感，同时练习修改习作。 （5）培养朗读能力、口语交际能力、书写能力和积累语言的习惯。	2019年10月21日至11月3日
		习作单元：说明文 38—43课时	（1）能正确、流利、有感情地朗读课文。 （2）会认"摄、殖、炭、疗"等12个生字，会写"摄、氏、殖、粮"等20个生字；理解由生字组成的词语的意思，积累字词并学会运用。 （3）能通过具体的语言材料想象课文描绘的画面，把握课文内容，感悟课文所表达的思想感情，培养探索自然科学奥秘的兴趣。 （4）培养阅读说明文的能力，了解说明方法，体会作者怎样准确地用词形象地表达，并在习作中加以运用。	2019年11月4日至12日

续表

内容		单元内容及课时	本单元主要目标及实施要求	日期安排
学习主题/活动安排（请列出教学进度，包括日期、周次、内容、实施要求）	课本学习	舐犊之爱 44—55课时	（1）能正确、流利、有感情地朗读课文，把握课文主要内容，体会作者的思想感情。 （2）会认本单元"魄、抑、颓"等32个生字；会写本单元"辞、抑、碌"等26个生字；理解由生字组成的词语的意思，积累并学习运用。 （3）能凭借具体的语言材料想象课文描写的故事情境，感悟课文所表达的思想感情。 （4）在习作中能结合具体事例写出人物的特点。 （5）培养阅读理解能力和积累的习惯。	2019年11月13日至26日
		四时景物 56—65课时	（1）能正确、流利、有感情地朗读课文，背诵指定课文，抄写自己喜欢的段落，积累优美词句。 （2）会认本单元"榆、畔、更"等20个生字，会写本单元"孙、泊、愁、寺、榆"等25个生字；理解由生字组成的词语的意思，积累并学习运用。 （3）能想象课文描写的画面，感悟课文所表达的思想感情，初步体会景物的动态美和静态美。 （4）能观察一种自然现象或一处自然景观，重点观察景物的变化，并在习作中写下观察所得，学着练习修改习作。 （5）培养阅读理解能力和积累的习惯。感受词语在句子中的表达作用，并在写作训练中实现认知内化。	2019年11月27日至2019年12月10日

续表

内容		单元内容及课时	本单元主要目标及实施要求	日期安排
学习主题/活动安排（请列出教学进度，包括日期、周次、内容、实施要求）	课本学习	美好品质 66—76课时	（1）能正确、流利、有感情地朗读课文，背诵指定课文，理解课文表达的思想感情。 （2）会认本单元"耻、识、矣、岂"等36个生字；会写本单元"耻、诲、谓"等23个生字；理解生字组成的词语意思，积累并学习运用。 （3）能通过口语交际有条理地说出自己喜欢的人物形象，培养口语交际能力。 （4）能在习作中把读过的书推荐给朋友，培养书面表达能力，养成修改习作的习惯。 （5）通过对本单元课文的品读，体会和感受课文中提到的读书方法，培养阅读兴趣。	2019年12月11日至29日
		总复习、评价 77—92课时	组织学生对本学期的学习内容进行系统归类复习，使学生扎实掌握生字新词，积累名言警句及优美段落，并在解题上掌握技能技巧，习得良好的学习方法，进行口头测试和书面测验。	2019年12月30日至2020年1月12日
	课外拓展	93—94课时	1. 公布本学期必读、选读书目和必背古诗词。 2. 每月开展1次读书交流会。 3. 在学期结束后进行自主阅读检测，表彰十佳。 4. 阅读要求： （1）培养热爱祖国语言文字的情感，养成课外阅读的兴趣和良好的阅读习惯。 （2）感受中华文化的博大，吸收民族文化智慧。关心当代文化生活，尊重多样文化，汲取人类优秀文化的营养。	

续表

	内容	单元内容及课时	本单元主要目标及实施要求	日期安排
学习主题/活动安排 (请列出教学进度，包括日期、周次、内容、实施要求)	课外拓展	93—94课时	（3）掌握最基本的阅读方法，学会浏览、略读、精读等读书方法。 （4）能利用多种渠道扩展自己的阅读量，课外阅读总量不少于300万字。 （5）能主动进行探究性学习，在实践中学习、运用语言文字，学会摘记和写读书心得。 （6）在阅读中学会独立思考，具有独立阅读的能力，注重情感体验，有丰富的积累，形成良好的语感。 （7）在课外阅读中培养爱国主义情感和社会主义道德品质，逐步形成积极的人生态度和正确的价值观，提高文化品位，陶冶审美情操。 5. 古诗词诵读目标： （1）培养学生学习祖国优秀文化的兴趣，促使学生从小热爱祖国传统文化，多读多背以加强语感，积累语言，陶冶情操，丰富想象。 （2）建立经典诵读、古诗词吟诵教学模式，培养学生良好的学习习惯和自学能力。 （3）逐步建立书香型班级，培育班级文化，营造书香氛围。 附：必读、选读书目及古诗词 ● 必背古诗词篇目 （1）王安石《书湖阴先生壁》（茅檐长扫净无苔）。 （2）王安石《泊船瓜洲》（京口瓜洲一水间）。 （3）罗隐《蜂》（不论平地与山尖）。 （4）苏轼《惠崇春江晓景》（竹外桃花三两枝）。 （5）辛弃疾《清平乐·村居》（茅檐低小）。	每月一次（月底抽查）

续表

内容		单元内容及课时	本单元主要目标及实施要求	日期安排
学习主题/活动安排（请列出教学进度，包括日期、周次、内容、实施要求）	课外拓展	93—94课时	• 必读书目 　（1）伊索《伊索寓言》，商务印书馆。 　（2）法布尔《昆虫记》，商务印书馆。 　（3）施耐庵《水浒传》，人民文学出版社。 • 选读书目 　（1）高尔基《童年》，商务印书馆。 　（2）赵菱《月光是我的薄荷糖》，浙江少年儿童出版社。 　（3）曹文轩《第十一根红布条》，北京少年儿童出版社。 　（4）米切尔·恩德《永远讲不完的故事》，二十一世纪出版社。 　（5）黄蓓佳《我要做好孩子》，江苏凤凰少年儿童出版社。 　（6）沈石溪《斑羚飞渡》，浙江少年儿童出版社。 　（7）路甬祥《科学改变人类生活的100个瞬间》，浙江少年儿童出版社。 　（8）亨德里克·威廉·房龙《人类的故事》，天津人民出版社。	每月一次（月底抽查）
课程评价			为了更好地培养学生的自主学习能力，本学期教师要注重评价形式的多样化。 　（1）考查与考核结合。 　考查：日常考查，通过课堂反馈、作业检查、课下交流等形式对学生进行评价。 　考核：定期进行期终测试。 　（2）书面与口头考试结合。 　口头考试包括朗读、口语交际等。 　书面考试包括习作、练习及期终测试。 　（3）过程性与终结性结合。 　注重平时日常的反馈与最后的书目测试相结合。 　分项实施，分四个等级：优秀、良好、合格、不合格需改进。 　（4）教师考核与生生互评、家庭自评结合。 　注重多方、多元评价。	

续表

课程评价	朗读与书写：抽查朗读，要求每篇课文都尽可能读得正确、流利、声情并茂。默读要求结合课文学习或者教师提供的语段篇章，在规定时间内阅读完毕并回答问题。书写注重平时的作业书写规范、端正程度。 积累与运用：考查对字词、读音的掌握情况，对经典语段、古诗词、文学常识的积累及运用情况。 阅读与理解：结合课内、课外阅读，考查捕捉信息、提炼信息、把握主要内容与主旨、鉴赏表达手法与好词佳句等的能力。 习作与表达：通过平时的习作、片段仿写、日记、读书笔记等，重点评价能否留心观察事物、主题是否鲜明、内容是否具体、感情是否真实。 附： 1. 语文素养各方评价表（家庭自评、生生互评、学校考评）。 | 类别	等级					说明 | | --- | --- | --- | --- | --- | --- | --- | | | 平时 | 平时 | 平时 | 平时 | 期终 | 单项总评 | | | 朗读与书写 | | | | | | | ① 单项总评＝60％平时＋40％期终 ② 综合总评＝20％朗读与书写＋25％积累与运用＋25％阅读与理解＋30％习作与表达 | | 积累与运用 | | | | | | | | | 阅读与理解 | | | | | | | | | 习作与表达 | | | | | | | | | 综合总评 | | | | | | | | 2. 语文素养终评表。 | 类别 | 等级 | | 说明 | | --- | --- | --- | --- | | | 单项总评 | 终评 | | | 家庭自评 | | | ③ 终评＝15％家庭自评＋15％生生互评＋70％学校考评 | | 生生互评 | | | | | 学校考评 | | | |

（略有改动）

点评

越溪实验小学五（1）班语文学科课程纲要点评

张郁芳

本课程纲要是依据国家义务教育阶段小学语文学科课程标准，结合教育部统编版小学语文五年级上册教材及苏州市吴中区越溪实验小学五（1）班学生学情等因素，对本学期的语文学科的课程目标、主要内容、实施要求和课程评价进行整体设计的专业方案。本方案的课程简介中对本册教材内容进行了系统梳理和简要解析。目标设置能依据国家语文课程标准，将教材内容和本班学情相结合，提出期望达成的学习成果，为课程的具体实施明确了方向。课程内容的呈现既围绕教材，又能根据校本特色课程做适度课外拓展，且拓展内容注重古诗文诵读和整本书的阅读，聚焦学科素养的培育。课程评价摒弃了单一性和单向性，致力多样化和多维度，实现了考查与考核相结合、过程性与终结性相结合、口头与书面相结合，具有一定的可操作性。本课程纲要文本呈现规范，思路清晰，结构合理。希望教师在课程纲要的制订中凸显学生主体，更注重依据本班学情特点，从学生学习的角度提出实施目标，进一步明确课外拓展的期望效果，同时还要注意课程纲要各部分内容的针对性和一致性。

（有改动）

示例3：舟山实验小学数学学科课程纲要

课程名称： 小学数学

课程类型： 国家课程（必修）

教学材料： 苏教版义务教育教科书三年级下册

授课课时： 85课时

主讲教师： 汪燕萍

授课对象： 三（1）班学生

一、课程简介

本学期教材共安排了10个学习单元：一、两位数乘两位数；二、千米和吨；三、解决问题的策略；四、混合运算；五、年、月、日；六、长方形和正方形的面积；七、分数的初步认识（二）；八、小数的初步认识；九、数据的收集和整理（二）；十、期末复习。还安排了综合与实践活动、"动手做""思考题""你知道吗"等内容。这些将进一步拓宽学生的视野，激发学生学习数学的兴趣，同时让学生感悟一些基本的数学思想，积累数学活动的经验，形成良好的数学素养。

二、背景分析

经过上学期的学习，学生已经完成了两位数、三位数乘一位数和两位数、三位数除以一位数的学习，积累了较为丰富的探索乘、除法计算方法的经验，也形成了一定的口算、估算和笔算乘、除法的能力，为本学期两位数乘两位数及简单的两步混合运算的学习做好了铺垫。在解决问题方面，学生在学习了从条件出发思考的分析策略并解答两步计算实际问题的基础上，本学期将进一步学习从问题出发思考的分析策略并解答实际问题。学生掌握了上述两种基本策略后，分析和解答实际问题的能力将进一步增强，为今后继续学习其他策略打下可靠的基础。在图形与几何方面，学生在上学期认识长方形和正方形的基本特征、探索平面图形周长计算方法的基础上，本学期将继续学习长方形和正方形的面积，联系生活经验感知面积的含义，初步建立相关面积单位实际大小的观念，探索并掌握长方形、正方形的面积公式，学会求长方形和正方形的面积。此外，本册教材还安排了认识千米和吨，年、月、日及24时计时法的内容。

大多数学生上课大胆发言，学习效率较高；一小部分学生贪玩，上课经常不能集中注意力听讲。在本学期的教学中，教师首先要抓好学生的学习习惯；其次要对少数后进生做个别指导，培养学生良好的学习习惯，增强学生的自信心，采用各种激励机制，让学生迎头赶上。

在数学思考方面，学生能在探索计算方法、发现运算规律的过程中，开展类比、猜想、归纳、验证等活动，发展合情推理能力；能在探索平面图形的特征、对图形进行简单变换及设计图案的过程中，进一步发展形象思维和空间观念。

在问题解决方面，学生能从现实情境中发现并提出一些简单的数学问题，能运用所学的数学知识和方法解决问题,积累解决问题的策略,体会解决问题策略的多样性,逐步增强对解决问题过程的反思意识。

在情感与态度方面,学生在探索和发现数学知识、数学规律的过程中,能树立学好数学的自信心,努力克服数学学习中遇到的困难,热心参与数学问题的讨论,发现错误能主动改正。

总之,经过上学期的学习,学生已掌握了基本的计算技巧,具备了初步理解、分析、解决问题的能力,并养成了良好的学习习惯。但是,三年级下册内容知识点较多,且比较抽象,难度相比上学期增加不少,学习起来困难得多。

三、课程目标

1. 知识与技能方面

(1)经历探索两位数乘两位数的计算方法的过程,会整十数的口算及估算,会正确笔算两位数乘两位数,并能通过交换乘数的位置进行验算。

(2)结合具体情境和实践活动,认识并感受长度单位千米和质量单位吨,初步建立1千米有多长及1吨有多重的观念,知道1千米=1 000米、1吨=1 000千克,能进行简单的单位换算。

(3)联系已有的解决问题的经验,初步掌握从问题出发分析和解决问题的策略,学会从问题出发分析并解决一些两步计算的实际问题。

(4)初步认识综合算式和小括号,初步掌握不含括号及含有小括号的两步混合运算的运算顺序,能按顺序正确计算相关试题,学会用递等式表示两步混合运算的过程,并在学习两步混合运算的过程中,初步学会列综合算式,解答相关实际问题。

(5)通过学习,认识时间单位年、月、日,知道大月、小月、平年、闰年、季度等,学会判断闰年、平年;结合生活经验进行一些简单的天数或年数的计算;了解24时计时法,学会计算经过的时间;能运用年、月、日的知识解决一些问题。

(6)通过观察、操作、交流等活动,认识面积的含义;知道1平方厘米、1平方分米、1平方米的含义和实际大小;知道平方厘米、平方分米和平方米每相邻两个单位之间的进率,会进行简单的单位换算。能通过拼摆、测量和简单推理等活动,探索长方形的面积公式,并能利用公式正确计算长方形、正方形的面积及相关的实际问题。

(7)结合具体情境进一步认识分数,知道把一些物体看作一个整体平均分成若干份，其中的一份或几份可以用分数表示；能用分数描述一些简单的生活现象，能通过实际操作表示相应的分数。

（8）结合具体情境初步理解一位小数的含义，能正确读、写小数部分是一位的小数；初步具有整数、自然数、小数等的概念，知道小数各部分的名称。掌握比较小数大小的方法，能进行简单的一位小数的加减计算，并能在应用小数的知识解决实际问题的过程中体会数学与生活的密切联系，增强学习数学的积极情感。

（9）经历简单的数据收集、整理和分析过程，学会对收集的数据进行简单汇总；通过简单的排序和分组，寻找一组数据的最大值、最小值，了解数据的分布情况等。

2. 数学思维方面

（1）发展数感，发展抽象概括与推理能力，发展抽象思维，发展初步的空间观念，发展合情推理和初步演绎推理能力，发展统计观念，初步具有清晰地表达自己思考过程的能力。

（2）通过观察、猜测、实验、推理等活动学习简单的集合思想和等量代换思想，并能应用集合和等量代换的思想方法解决一些简单的问题，培养观察、分析及推理的能力，培养探索数学问题的兴趣，增强发现、欣赏数学美的意识。

3. 解决问题方面

（1）在不断创设的情境中提出数学问题，并能运用数学知识解决问题，逐步形成用数学解决问题的能力和意识。

（2）以多种形式的操作和感知活动认识千米和吨，学会解决生活中的相关问题。

（3）联系生活经验，初步掌握一些简单的解决问题的方法；熟练应用面积的相关知识解决生活中的实际问题。

（4）能应用在本册教科书里学到的小数、分数运算知识，解决生活中遇到的实际问题，发展应用意识，能利用估计来判断解决问题结果的合理性。

4. 情感与态度方面

（1）在他人的鼓励和帮助下，对身边与数学有关的某些事物产生好奇心，能积极参与生动、直观的教学活动。

（2）在他人的鼓励和帮助下，能克服在数学活动中遇到的某些困难，获得成功的体验。

（3）经历观察、操作、归纳等学习数学的过程，感受思考过程的合理性。

（4）体会学习数学的乐趣，激发学习数学的兴趣，树立学好数学的信心。

（5）养成认真完成作业、书写整洁的良好习惯。

四、课程内容（包括课时内容、周次、实施目标等，表1-13）

表1-13　课程内容

单元主题	学习内容		课时	周次日期	实施目标	实施要求
课程纲要	分享本纲要		1			
一、两位数乘两位数	1. 两位数乘两位数的口算、估算		1	第1—3周 2月10日 至28日	1. 经历探索两位数乘两位数方法的过程，会口算两位数乘整十数（各位都不进位）及整十数乘整十数，会笔算两位数乘两位数，并会简单的估算。 2. 在具体情境中，应用有关运算解决实际问题，能合理地运用口算、笔算或估算，体会解决问题的多样性，进一步发展数学思维，增强解决问题的能力。 3. 在探索算法和解决问题的过程中，感受数学与生活的联系，增强自主探索的意识，增强合作交流的能力，获得成功的体验，树立学习数学的信心。	课件演示 自主探究 合作交流
	2. 不进位的两位数乘两位数的笔算		1			
	3. 进位的两位数乘两位数的笔算		1			
	4. 练习一		2			
	5. 乘数末尾有0的乘法		1			
	6. 用两步连乘解决实际问题		1			
	7. 练习二		1			
	8. 复习		2			
	9. 有趣的乘法计算		1			
	10. 知识归纳、梳理并进行测试		2			
二、千米和吨	1. 认识千米		1	第4周 3月2日 至6日	1. 在具体的生活情景中，感知和了解千米的含义，初步建立1千米的长度观念，知道1千米＝1 000米，能进行长度单位间的简单换算。	
	2. 认识吨		1			

续表

单元主题	学习内容	课时	周次日期	实施目标	实施要求
二、千米和吨	3. 练习三	1	第4周 3月2日 至6日	2. 借助生活中的具体物体，感知和了解吨的含义，初步建立某些物体1吨重的观念，知道1吨=1 000千克，能进行质量单位间的简单换算。 3. 在实践活动中，体会数学与生活的密切联系，增强学习数学的兴趣和学好数学的信心，学会查找资料，学会与人合作交流，培养积极的数学学习情感和解决实际问题的能力。	课件展示 自主探究 模型演示
	4. 归纳、梳理知识并进行测试	2			
三、解决问题的策略	1. 解决问题的策略(1)	1	第5周 3月9日 至13日	1. 联系已有的解决问题的经验，初步掌握从问题出发分析和解决问题的策略，学会从问题出发分析并解决一些两步计算的实际问题。 2. 在对解决实际问题过程的不断反思中，积累从问题出发分析和解决问题的策略体验，了解从问题出发进行思考是分析和解决实际问题的常用策略之一，进一步发展分析和推理的能力。 3. 进一步丰富解决问题的经验，增强解决问题的策略意识，获得解决问题的成功体验，增强学好数学的信心。	课件展示 自主探究 讲解示范
	2. 解决问题的策略(2)	2			
	3. 练习四	1			
	4. 归纳、梳理知识并进行测试	2			

续表

单元主题	学习内容	课时	周次日期	实施目标	实施要求
四、混合运算	1. 不含括号的两步混合运算	1	第6—8周 3月16日 至31日	1. 结合解决实际问题的过程，认识综合算式和小括号，掌握混合运算的顺序，正确计算混合运算两步式题。 2. 经历由分步列式到用综合算式解决实际问题的过程，体会综合算式解决两步计算的实际问题，感受解决问题方法的多样性。 3. 在学习过程中，进一步体会数学思维的严谨性和数学结论的确定性，培养对数学的积极情感。	课件展示 模型演示 自主探究 讲解示范
	2. 含有小括号的两步混合运算	1			
	3. 练习五	1			
	4. 算"24"点	1			
	5. 归纳、梳理知识并进行测试	2			
五、年、月、日	1. 认识年、月、日	1	第9—10周 4月1日 至17日	1. 认识时间单位年、月、日，知道大月、小月、平年、闰年及季度等方面的知识，记住每个月及平年、闰年的天数，初步掌握年、月、日之间的关系。 2. 结合具体生活情境认识24时计时法，会用24时计时法正确表示一天中的某一时刻，能正确进行普通时法与24时计时法之间的相互换算。 3. 联系生活经验初步掌握一些求简单经过时间的方法，能正确解答一些相关的实际问题，进一步发展推理能力。 4. 在发现大月、小月、平年、闰年的特点及认识24时计时法的过程中，进一步感受数学与生活的联系，体会合理安排时间的重要性，养成珍惜时间的良好习惯。	课件展示 自主探究 讲解示范 计算过关
	2. 认识平年和闰年	1			
	3. 练习六	1			
	4. 认识24时记时法	1			
	5. 求简单的经过时间	1			
	6. 练习七	1			
	7. 归纳、梳理知识并进行测试	2			

续表

单元主题	学习内容	课时	周次日期	实施目标	实施要求
复习第一至五单元	梳理知识，查漏补缺	10	第11—12周 4月20日至30日	乘法：两位数乘整十数的口算，两位数乘两位数的笔算、估算。千米和吨：建立1千米、1吨的长度观念和质量观念，知道1千米＝1 000米、1吨＝1 000千克。能进行长度单位和质量单位的简单换算。混合运算：结合解决实际问题的过程认识综合算式和小括号，掌握混合运算的顺序，正确计算混合运算两步试题。年、月、日：掌握年、月、日的相关知识点和概念，如大月、小月、平年、闰年、季度等，能正确计算一些简单的经过时间。	课件展示 自主探究 讲解示范 计算过关
六、长方形和正方形的面积	1. 面积的含义	1	第13—15周 5月6日至22日	1. 通过实际的观察、操作活动，认识面积的含义；知道1平方厘米、1平方分米、1平方米的含义和实际大小；知道平方厘米、平方分米、平方米每相邻两个单位之间的进率，会进行简单的单位换算。 2. 主动探索并掌握长方形和正方形面积的计算公式，能应用公式正确计算，能解决相关的实际问题；能合理选择不同策略，比较或估计面积。 3. 体会数学与生活的联系，发展空间观念，培养学习数学的积极情感。	课件展示 自主探究 讲解示范
	2. 面积单位	1			
	3. 练习八	1			
	4. 面积计算	2			
	5. 面积单位间的进率	1			
	6. 练习九	2			
	7. 复习	2			
	8. 知识归纳、梳理并进行测试	2			

续表

单元主题	学习内容	课时	周次日期	实施目标	实施要求
七、分数的初步认识（二）	1. 整数、小数的整理与复习	1	第16—17周 5月25日 至6月5日	1. 在具体情景中进一步认识分数，知道把一些物体看作一个整体平均分成若干份，其中一份或几份就可以用分数表示，能用分数描述一些简单的生活现象，能通过实际操作表示相应的分数。 2. 联系分数的含义，并借助生活经验或实际操作，初步学会解决求一个数的几分之一或几分之几是多少的简单实际问题，能合理解释解决问题的思考过程，感受解决问题方法的多样性，培养初步的分析推理能力。 3. 进一步体会分数在日常生活中的应用，感受数学与生活的联系，获得与他人共同探索学习的体验，激发对数学学习的兴趣。	课件展示 自主探究 动手操作 讲解示范
	2. 因数和倍数的整理与复习	1			
	3. 分数、百分数的认识整理与复习	1			
	4. 常见的量的整理与复习	1			
	5. 四则运算的整理与复习	1			
	6. 四则混合运算的整理与复习	2			
	7. 归纳、梳理知识并进行测试	2			
八、小数的初步认识	1. 小数的含义和读写	1	第18周 6月8日 至12日	1. 结合具体情境初步理解一位小数的含义，能正确读、写小数部分是一位的小数；初步具有整数、自然数、小数等概念，知道小数各部分的名称。 2. 初步掌握比较小数大小的方法和简单的一位小数的加减法，能正确判断两个（或几个）一位小数间的大小关系，能进行简单的一位小数的加减法计算。	课件展示 自主探究 讲解示范
	2. 小数的大小比较	1			
	3. 简单的小数加减法	1			

续表

单元主题	学习内容	课时	周次日期	实施目标	实施要求
八、小数的初步认识	4. 练习十一	1	第18周 6月8日 至12日	3. 在探索小数知识的过程中，进一步发展数感和初步的推理能力，体会数学思维的合理性，提高解决问题的水平。 4. 在初步认识小数和应用小数知识解决简单实际问题的过程中，进一步体会数学与生活的密切联系，激发学习数学的兴趣，增强学习数学的积极情感。	
	5. 归纳、梳理知识并进行测试	2			
九、数据的收集和整理（二）	1. 简单的数据汇总	1	第19周 6月15日 至19日	1. 经历简单的数据收集、整理和分析过程，初步学会对收集的数据进行简单汇总；通过简单的排序和分组，寻找一组数据的最大值、最小值，了解一组数据的分布情况。 2. 经历运用数据发现和提出问题、分析和解决问题的过程，体会运用数据进行表达与交流的作用，感受数据是蕴含信息的，培养初步的数据分析观念。 3. 在参与统计活动过程中，进一步体会与同伴合作交流的价值，获得一些成功的体验，初步培养尊重事实的理性精神。	课件展示 自主探究 动手操作 讲解示范
	2. 简单的数据排序和分组	1			
	3. 练习十二	1			
	4. 归纳、梳理知识并进行测试	2			

续表

单元主题	学习内容	课时	周次日期	实施目标	实施要求
十、期末复习	1. 数与代数	1	第20—22周 6月22日 至7月10日	1. 乘法：两位数乘整十数的口算，两位数乘两位数的笔算、估算。千米和吨：建立1千米、1吨的长度观念和质量观念，知道1千米＝1 000米、1吨＝1 000千克。能进行长度单位和质量单位的简单换算。混合运算：结合解决实际问题的过程认识综合算式和小括号，掌握混合运算的顺序，正确计算混合运算两步式题。年、月、日：掌握年、月、日的相关知识点和概念，如大月、小月、平年、闰年、季度等，正确计算一些简单的经过时间。认识分数：进一步认识分数的意义，明确把一些物体看成一个整体平均分成若干份，其中的一份或几份就可以用分数来表示，能用简单的分数描述一些简单的生活现象，能通过实际操作表示相应的分数，能比较熟练地认、读、写简单的分数，会解决一些简单的实际问题。2. 认识图形周长，计算长方形、正方形周长；认识面积意义，能用自选图形单位估计和测量图形的面积，体会统一面积单位的必要性，体会并认识面积单位，会进行简单的面积换算；探索并掌握长方形、正方形的面积公式，能估算给定的长方形、正方形的面积。	课件展示巩固练习
	2. 空间与图形	1			
	3. 统计与概率	1			
	4. 实践活动	1			

续表

单元主题	学习内容	课时	周次日期	实施目标	实施要求
十、期末复习	4. 实践活动	1	第20—22周 6月22日至7月10日	3. 统计与可能性：通过丰富的实例，了解平均数的含义，体会学习平均数的必要性，会求简单数据的平均数，根据统计图表中的数据提出并回答简单的问题，能和同伴交换自己的想法；能够列出简单试验所有可能发生的结果；知道事件发生的可能性是有大小的；对一些简单事件发生的可能性做出描述，并和同伴交换想法。 4. 通过本册教材的综合应用活动，初步树立运用数学解决问题的信心，积累解决简单实际问题的经验，感受数学知识间的相互联系，逐步理解数学在实践中的作用。	课件展示巩固练习

五、课程实施

1. 课程资源

（1）《义务教育教科书·数学（三年级下册）》（江苏凤凰教育出版社2013年版）。

（2）《义务教育教科书·数学补充习题（三年级下册）》（江苏凤凰教育出版社2014年版）。

（3）《实验班提优训练（数学三年级下）》（江苏人民出版社2016年版）。

（4）必要教具、学具和课件等。

2. 教学方式

（1）基础知识教学以课堂讲授为主，结合学生自主学习和探究活动等形式，激发学生学习的兴趣。通过创设的活动情境和多样化的教学手段（唱歌、讲故事、玩游戏、猜谜语等活动）来激发学生的学习兴趣。

（2）让学生在课堂上观察演示、积极思考、动手操作，经历用数字和数学符号描述现实世界的过程，在生动具体的情境中学习数学，自己思考，并与同伴交流。

（3）在课堂教学中，注意多提一些有利于孩子理解的问题，而不是一味追求难、偏、广。应该考虑学生实际的思维水平，多照顾水平中等的学生及思维偏慢的学生。

（4）布置配套补充习题和同步练习。

（5）加强反思，适当调整教学进度和内容，让每一位学生都能有所收获。

3. 学习方式

（1）加强学习习惯和态度的养成，能认真上课、独立认真完成作业，及时订正。

（2）学会与他人合作，体验团体的力量。

（3）养成良好的审题习惯，能从多角度思考，会用不同的方法来整理条件和问题。

（4）正确面对自己的薄弱点，敢于通过自己的努力去改变和提升。

4. 学生辅导

（1）对学有困难的学生：

① 创设民主和谐的学习气氛，让学生真正成为学习的主人，激发学生学习数学的兴趣，培养学生的合作精神。

② 坚持不懈地抓好对学生良好学习习惯的培养。重视培养学生分析问题、解决问题的能力。在学习过程中培养学生认真负责的学习态度和细心计算、验算的好习惯。

③ 实施精讲多练，让学生熟能生巧。

（2）对学有余力的学生：

① 注重学生对在知识形成和探究过程中获得的方法和经验的积累，多采用动手实践、自主探索、合作交流的方式，培养学生从周围情境中发现数学问题并用所学知识解决问题的能力。

② 采用课内与课外相结合的方式，让学生在课内学知识，在课外学技能，真正做到掌握并灵活运用知识。

六、课程评价

本学期学业评价总分为 100 分，结果以等级呈现。评价项目包括过程性评价（50%）和期末结果性评价（50%）两部分。

(一) 过程性评价 (表1-14)

表1-14 过程性评价 (50%)

评价项目		评价要素	评价等第描述	评价方式
预习与口算评价 (10%)		能在课前做好预习工作,能根据导学单发现问题或提出疑问;能按时完成课前5分钟的口算练习 (10题),并保证准确率 (在规定时间内未完成的算错题)	A. 口算准确率≥90%,预习且有自己的想法 (10分) B. 准确率为75%~89%,能主动预习 (6分) C. 准确率<75%,但能适当预习 (2分)	小组长记录情况
课堂表现评价 (10%)	课堂常规 (5%)	认真听讲、积极发言、独立思考、主动参与	根据思考、交流、合作的程度分为A、B、C、D四个等级,分别记5分、4分、3分、2分	学习小组记录表现
	课堂操作技能 (5%)	动手能力、算理描述、创新意识	根据任务完成情况分为A、B、C、D四个等级,分别记5分、4分、3分、2分	课堂观察组内互评
作业评价 (10%)	一般作业 (5%)	作业态度、作业质量、纠错习惯、应用能力	根据作业完成情况分为A、B、C、D四个等级,分别记5分、4分、3分、2分	作业批改记录
	长时作业 (5%)	参与积极性、问题解决能力、数学意识		
学期中阶段性学业评价 (20%)		数感、符号意识、空间观念、数据分析观念、运算能力、问题解决等能力的发展水平	卷面满分100分	纸笔测试 (70分钟)

(二) 期末结果性评价 (表1-15)

表1-15 期末结果性评价 (50%)

评价项目	评价要素	评价等第描述	评价方式
期末结果性评价 (50%)	数感、符号意识、空间观念、数据分析观念、运算能力、问题解决等能力的发展水平	卷面满分100分	纸笔测试 (70分钟)

（三）学期总评成绩结果呈现

学期总评成绩以等第形式呈现，共分为四个等第。等第与分值的换算方法如下：优秀（≥90分）、良好（75~89分）、及格（60~74分）、不及格（<60分）。

（有改动）

舟山实验小学数学学科课程纲要点评

王建兵

  编制课程纲要是教师必须具备的教学基本功，旨在促进学科教师专业化成长，既有利于学科教师整体把握课程目标与内容，又有利于学科教师审视课程实施所需的条件，也有利于学生明确所学课程的总体目标与内容框架，更有利于学校提升课程管理水平，使学科教师变经验型教学为专业化教学、变非理性教学为理性教学，从而有利于提升教学的质量。

  舟山实验小学数学教师做了这方面的尝试、研究和改进，编写出了较高质量的小学数学课程纲要。汪燕萍老师编制的纲要能让学生感受到数学的魅力，并帮助学生分析已经养成的学习习惯（听说读写、预习、复习等）和具有的学科基础（基础知识和技能、数学思维、解决问题、情感和态度等），接着把学生带到了课程的目标、内容、实施和评价中，使学生不断地思考："我要到哪里去，我怎样去，我现在已经到哪里"。同时，作为组织者、引导者、合作者的教师也在不断地思考："我要把学生带到哪里去，我怎样带他们去，我怎么知道他们已经到了哪里"。汪老师编写的课程纲要，引发了师生共同的思考。

  编制质量高并被有效使用的课程纲要一定能够规范教师的教、指导学生的学，有助于师生关系的和谐，体现学科育人的价值。舟山实验小学数学教师对于课程纲要的研究成果是值得推荐和推广的。

（有改动）

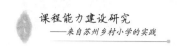

示例4：越溪实验小学数学学科课程纲要

课程名称：小学数学
课程类型：国家课程（必修）
教学材料：苏教版义务教育教科书五年级上册
授课课时：79课时
主讲教师：朱丽
授课对象：五（9）、五（10）班学生

一、课程简介

本学期教材包括认识负数、多边形的面积、小数的意义和性质、小数的加减法、小数的乘法和除法、统计、解决问题和用字母表示数等方面的内容。在数与代数方面，安排了负数的认识、小数的意义和性质、小数的加法和减法、小数的乘法和除法等内容。在空间与图形方面，安排了多边形的面积一个单元。在已有知识和经验的基础上，通过丰富的数学活动，让学生学习几种多边形的面积计算、简单组合图形的面积计算、不规则图形的面积计算、公顷和平方千米的含义和应用。在统计方面，让学生学习用复式统计表整理和描述数据，用复式条形统计图整理和描述数据，并根据需要解决的问题采用适当的方法收集数据和分析。在解决问题方面，让学生学习结合以前的知识，解决生活中的简单问题。在综合与实践方面，安排了校园绿地面积和班级联欢会活动。

二、背景分析

五年级学生已经初步具有抽象思维的能力。在以往的学习过程中，在知识技能方面，学生能联系已有的知识和经验，从具体问题中抽象数量关系，探索算法和运算律，掌握有关计算的方法和运算顺序，发现并初步理解一些简单的运算规律；认识了常见图形及其特征，了解了图形的对称和图形位置关系的简单变换。

在数学思考方面，学生能在探索计算方法、发现运算规律的过程中，开展类比、猜想、归纳、验证等活动，发展合情推理能力；在探索平面图形的特征、对图形进行简单变换及设计图案的过程中，进一步发展形象思维和空间观念。

在问题解决方面，学生能从现实情境中发现并提出一些简单的数学问题，并能运用所学的数学知识和方法解决问题，积累解决问题的策略，体会解决问题策略的多样性，逐步增强对解决问题过程的反思意识。

在情感与态度方面，学生在探索和发现数学知识、数学规律的过程中，能树立学好数学的自信心，努力克服数学学习中遇到的困难，热心参与数学问题的讨论，发现错误能主动改正。

总之，通过四年多的学习，学生已掌握了基本的计算技巧，具备了初步的理解、分析、解决问题的能力，并养成了良好的学习习惯。但是，我校外来务工人员的子女较多，由于学习环境不稳定、缺乏良好的家庭教育、生活贫困等种种原因，他们中的一部分数学素质相对低下，学习习惯较差，学习不够自觉。而且，五年级上册课程内容知识点虽然不多，但是比较抽象，难度相比以前增加不少，学习起来困难得多。

三、课程目标

1. 知识与技能方面

（1）联系具体情境，体会数概念的扩展，初步形成有关整数、小数和负数的认知结构；经历探索小数四则计算方法的过程，进一步理解运算的意义，能正确进行小数四则混合运算；初步理解用字母表示数的意义和基本方法；主动参与探索和发现规律的活动，增强从实际问题中抽象出数学问题和数量关系的能力。

（2）通过动手操作、分析推理和讨论交流，经历多边形面积公式的探索过程和相关土地面积单位的认识过程，能应用公式计算常见多边形的面积，能选择合适的单位表示土地面积的大小，能采用合适的方法解决与面积有关的一些实际问题。

（3）在收集、整理、描述和分析数据的过程中，初步认识复式统计表和复式条形统计图，能根据解决问题的需要采用合适的方法收集相关数据，能对统计表和统计图表示的数据进行简单的分析，能联系需要解决的问题解释统计结果。

2. 数学思考方面

（1）在用正、负数表示现实生活中具有相反意义的量，理解小数的意义，探究小数的性质，以及用负数和小数描述常见数量和生活现象的过程中，不断加深对数的意义、大小及其相互关系的认识，进一步增强数感。

（2）在探索小数四则计算的方法、理解小数四则混合运算的运算顺序的过程中，主动进行分析比较、抽象概括和简单推理，进一步增强思维的条理性和灵活性。

（3）在口算、笔算、估算小数加、减、乘、除法，以及计算小数四则混合运算试题的过程中，进一步加深对运算意义、运算法则和运算规律的理解，增强运算能力。

（4）在学习用字母表示数的过程中，不断经历由具体数量关系抽象出字母表达式的过程，体会用变化的眼光考察数量和数量关系的意义，进一步发展抽象思维，增强符号意识。

（5）在探索平行四边形、三角形和梯形面积公式的过程中，进一步丰富对现实空间和平面图形的认识，感受图形的运动与变化，体会不同图形之间的内在关联，培养初步的演绎推理能力，发展空间观念。

（6）在认识复式统计表和复式条形统计图，以及分析和解释统计结果等活动中，进一步体会数据的意义和价值，不断积累统计活动经验，发展数据分析观念。

（7）在探索和交流数的排列规律和计算规律、图形面积的变化规律等活动中，经历由特殊到一般的归纳过程、由此及彼的类推过程，以及由猜想到验证的认识过程，进一步培养合情推理能力。

3. 问题解决方面

（1）联系负数的含义，小数的意义、性质和大小，小数的四则计算和相关的混合运算，多边形的面积计算，用字母表示数，用统计图表整理和描述数据等学习内容，尝试从数量的多少与次序、图形的形状与大小、数据的变化与规律等角度发现和提出问题，进一步增强数学应用意识，锻炼实践能力。

（2）在用不同形式表示相同数量，用不同方法描述数量关系、比较数的大小，按不同运算顺序计算相同试题，按不同思路分割、拼补图形，从不同角度比较、分析数据等活动中，体会同样的问题可以有不同的解决方法，从不同角度理解和分析问题可能会有不同的收获与发现，进一步积累解决问题的经验，不断增强解决问题的策略意识。

（3）在探索小数的性质和大小比较方法、小数的四则计算方法和相关运算规律、多边形的面积公式和不规则图形的面积计算方法，以及数据所蕴含的信息等活动中，主动与同学开展合作交流，学会在交流中不断完善自身的思考，学会更加全面地理解和分析问题，进一步培养合作交流的习惯和能力。

（4）在总结计算方法、检验计算结果、推导面积公式、分析统计数据、发现变化规律、解决实际问题等活动中，初步学会整理解决问题的过程、归纳解决问题的方法、解释解决问题的结果，进一步感受反思性学习环节的意义和价值。

4. 情感与态度方面

（1）在认识负数和小数，探索小数四则计算方法，发现小数运算规律，推导多边形面积公式，估计不规则图形的面积，用字母表示数量关系、运算规律和计算公式，用统计图表整理和表示数据等活动中，进一步感受数学内容的多样性与趣味性，增强对数学的好奇心，提高主动参与数学活动的自觉性。

（2）在探索小数四则计算方法及相关运算规律，探索多边形面积公式和不规则图形面积计算方法，学习用列举的策略解决问题，以及用字母表示数，认识和应用复式统计表、复式条形统计图等活动中，感受自己在数学知识、方法上的收获与进步，获得成功的体验，进一步增强克服困难的意志，树立学好数学的信心。

（3）在进行小数四则计算及相关混合运算的过程中，进一步形成认真、严谨的学习态度，养成认真审题、细心计算、自觉检查，以及发现错误及时改正的良好习惯。

（4）在用负数和小数表示常见数量，用含有字母的式子描述数量的变化和规律，用小数四则计算解决相关实际问题，通过整理数据获得信息、解决问题，以及测量、估计和计算物体表面或平面图形面积等活动中，进一步感受数学的价值，感受数学与生活的密切联系，不断增强学数学、用数学的自觉性。

（5）在交流小数四则计算方法、探索多边形面积公式、讨论数和图形的变化规律、分析数据所蕴含的信息等活动中，进一步养成乐于思考、勇于质疑、实事求是的良好品质。

（6）通过阅读教科书中的"你知道吗"栏目，以及利用各种资源进行开放性学习的活动，进一步感受数学的文化价值，体会数学是人类文明的重要成果之一。

四、课程内容（包括课时内容、周次、实施目标等，表1-16）

表 1-16　课程内容

单元主题	学习内容	课时	周次	实施目标	实施要求
课程纲要	分享本纲要	1			
一、负数的初步认识	1. 认识负数（1）	1	第1周	1. 在现实情境中了解负数产生的背景，理解正负数及零的意义，掌握正负数表达方法。 2. 能用正负数描述现实生活中的现象，如温度、海拔、盈与亏、收与支、升与降、增与减等具有相反意义的量。 3. 体验数学与日常生活的密切关系，激发对数学的兴趣。	课件演示 自主探究 合作交流
	2. 认识负数（2）	1			
	3. 归纳、梳理知识并进行测试	2			
二、多边形的面积	1. 平行四边形的面积（A）	1	第2—4周	1. 通过剪拼、平移、旋转等方法，探索并掌握三角形、平行四边形和梯形的面积公式，能正确计算它们的面积。 2. 通过列表、画图等策略，整理平面图形的面积公式，加深对各种图形特征及其面积计算公式之间内在联系的认识。 3. 知道常用的土地面积单位公顷、平方千米；通过观察、计算、推理和想象等活动，体会1公顷的实际大小，知道平方米、公顷和平方千米之间的进率，会进行简单的换算。 4. 能借助计算器，结合平面图形面积公式和有关面积单位换算的知识，估计或计算相关土地面积。	
	2. 平行四边形的面积（B）	1			
	3. 三角形的面积	1			
	4. 平行四边形和三角形面积计算练习	1			
	5. 梯形的面积	1			
	6. 梯形面积计算公式	1			
	7. 认识公顷	1			
	8. 认识平方千米	1			

第一章 课程规划能力建设

续表

单元主题	学习内容	课时	周次	实施目标	实施要求
二、多边形的面积	9. 组合图形的面积	1	第2—4周	5. 经历操作、观察、填表、讨论、分析、归纳等数学活动过程，体会等积变形、转化等数学思想，发展空间观念，发展初步的推理能力。 6. 在操作、思考的过程中，增强对空间与图形内容的学习兴趣，逐步形成积极的数学情感。	课件展示 自主探究 模型演示
	10. 组合图形面积计算练习	1			
	11. 不规则图形的面积	1			
	12. 多边形的面积整理与练习（1）	1			
	13. 多边形的面积整理与练习（2）	1			
	14. 归纳、梳理知识并进行测试	2			
三、小数的意义和性质	1. 认识小数（1）	1	第5—6周	1. 在现实的情境中，理解小数的意义，会读、写小数；知道小数的数位名称及顺序，知道小数的计数单位及相邻单位之间的进率；理解并掌握小数的性质，会进行小数的化简，能正确比较小数的大小；会把较大数改写成用"万"或"亿"作单位的小数，会根据要求用四舍五入的方法求一个小数的近似数。 2. 经历小数概念的抽象和小数性质的探索过程，积累数学活动的经验，进一步发展数感，培养观察、比较、抽象、概括及合情推理能力。 3. 经历用小数描述生活现象、解决简单实际问题的过程，体会小数与日常生活的密切联系，增强自主探索与合作交流的意识，树立学好数学的信心。	课件展示 自主探究 讲解示范
	2. 认识小数（2）	1			
	3. 小数的性质	1			
	4. 小数的大小比较	1			
	5. 大数的改写	1			
	6. 小数的近似数	1			
	7. 小数的认识整理与练习	1			
	8. 归纳、梳理知识并进行测试	2			

续表

单元主题	学习内容	课时	周次	实施目标	实施要求
四、小数加法和减法	1. 小数加、减法（1）	1	第7—8周	1. 结合现实情境，理解和掌握小数加、减法的计算方法，能正确进行小数加、减法的笔算和简单的口算；能应用加法运算定律进行一些小数加法的简便计算；会用计算器进行一些稍复杂的小数加、减法计算。 2. 经历运用数学知识解决实际问题的过程，积累从现实情境中提出问题、解决问题的经验，培养问题意识，发展解决问题的策略，感受数学知识在生活中的广泛应用。 3. 在参与数学学习活动的过程中，养成独立思考、主动与人合作和自觉验算的习惯，获得成功的体验，产生对数学的积极情感。	课件展示 模型演示 自主探究 讲解示范
	2. 小数加、减法（2）	1			
	3. 小数加、减法练习	1			
	4. 用计算器计算	1			
	5. 小数加、减法综合练习	1			
	6. 归纳、梳理知识并进行测试	2			
五、小数乘法和除法	1. 小数乘整数	1	第9—12周	1. 初步体会小数乘、除法的意义，在熟悉的日常生活情境中探索并理解小数乘整数，以及除数是整数的小数除法的计算方法，能正确进行相关的计算，并应用计算器解决一些简单实际的问题。 2. 探索并掌握由小数点位置移动引起的小数大小变化的规律，并能应用这一规律口算相应的试题或解决一些简单的实际问题。	
	2. 一个数乘10、100、1 000…的计算规律	1			
	3. 小数除以整数	1			
	4. 一个数除以10、100、1 000…的计算规律				
	5. 小数乘法和除法练习	1			
	6. 小数乘小数（1）	1			
	7. 小数乘小数（2）	1			

续表

单元主题	学习内容	课时	周次	实施目标	实施要求
五、小数乘法和除法	8. 积的近似数	1	第9—12周	3. 在观察、探究、实践应用等活动中，体会小数乘、除法与生活的联系，感受小数乘、除法的实际应用价值，并形成继续学习小数乘、除法的积极意向。 4. 根据具体的数量关系列出相应的乘、除法算式，并通过主动探索，理解并掌握小数乘小数及一个数除以小数的计算方法，能正确进行相关的口算和笔算。 5. 进一步理解小数近似值的含义，能根据要求用四舍五入的方法求出小数乘、除法计算中积或商的近似值；在解决实际问题的过程中，初步学习用"去尾"或"进一"的方法求近似值；初步认识循环小数。 6. 初步理解整数乘法的运算律对小数乘法同样适用，能应用有关的运算律进行小数的简便计算；能主动把整数四则混合运算的运算顺序推广到小数的四则混合运算中，并能正确计算小数四则混合运算试题。 7. 通过学习，进一步体会数学知识之间的内在联系，进一步增强探索数学知识和规律的能力，感受数学知识和方法的应用价值，激发学习数学的兴趣，增强学好数学的自信心。	课件展示 自主探究 讲解示范 计算过关
	9. 小数乘小数练习	1			
	10. 除数是小数的除法（1）	1			
	11. 除数是小数的除法（2）	1			
	12. 商的近似值（1）	1			
	13. 商的近似值（2）	1			
	14. 小数四则混合运算	1			
	15. 小数四则混合运算练习	1			
	16. 小数乘法和除法整理与练习（1）	1			
	17. 小数乘法和除法整理与练习（2）	1			
	18. 知识归纳、梳理并进行测试	2			

续表

单元主题	学习内容	课时	周次	实施目标	实施要求
六、统计表和条形统计图(二)	1. 复式统计表	1	第13周	1. 在具体的统计活动中认识复式统计表，能根据收集的数据正确填写复式统计表，能对统计表中的数据进行简单的分析。 2. 在具体的统计活动中认识复式条形统计图，能根据收集的数据完成相应的复式条形统计图，能根据图中的信息提出简单的问题并加以解决。 3. 能根据解决简单实际问题的需要，主动经历数据的收集、整理、描述和分析过程，能进行一些简单的判断，发展统计观念。 4. 通过有说服力的数据，进一步体会统计在实际生活中的重要作用，感受数学与生活的密切联系，发展数学应用意识。	课件展示 自主探究 讲解示范 计算过关
	2. 复式统计表练习	1			
	3. 复式条形统计图	1			
	4. 复式条形统计图练习	1			
	5. 归纳、梳理知识并进行测试	2			
七、解决问题的策略	1. 解决问题的策略（1）	1	第14周	1. 通过实践活动，经历收集描述和分析数据的过程，认识并掌握用列举法解决问题的策略，能正确运用列举法解决问题，体验事件发生有多种可能性结果。 2. 能结合经验对具体情境中的有关数字信息做出合理的解释；能进行有条理的思考，探索出解决问题的有效方法；初步学会与他人合作交流。 3. 体验数学与日常生活的密切关系，认识到许多实际问题可以借助数学方法来解决；体验数学问题的探索性和挑战性，感受数学思考过程的条理性和结论的确定性。	课件展示 自主探究 动手操作 讲解示范
	2. 解决问题的策略（2）	1			
	3. 解决问题的策略练习	1			
	4. 归纳、梳理知识并进行测试	2			

第一章
课程规划能力建设

续表

单元主题	学习内容	课时	周次	实施目标	实施要求
八、用字母表示数	1. 用含有字母的式子表示简单的数量关系和公式	1	第 15 周	1. 理解并学会用字母表示数，能用含有字母的式子表示简单的数量关系或计算公式，学会求简单的含有字母式子的值。 2. 理解并学会用字母表示数，能用含有字母的式子表示数量关系或计算公式；会用数代替字母求出含有字母的式子的值；进一步掌握长方形的周长公式。 3. 经历化简形如"$ax \pm bx$"式子的方法的探索过程，会化简这样的式子。	课件展示 自主探究 动手操作 讲解示范
	2. 用含有字母的式子表示稍复杂的数量关系和公式	1			
	3. 用含有字母的式子表示数量关系和公式练习	1			
	4. 化简含有字母的式子	1			
	5. 用字母表示数练习	1			
	6. 知识归纳、梳理并进行测试	2			
九、整理与复习	1. 数的认识整理与复习	1	第 16—18 周	1. 进一步加深对负数和小数的认识，掌握小数的组成方法，能正确读、写小数，能用小数和负数描述一些简单的事物，会比较小数的大小，会把大数目改写成以"万"或"亿"作单位的小数，会用四舍五入法求一个小数的近似值。 2. 进一步理解并掌握小数加、减、乘、除法的计算方法，能正确进行口算和笔算；会按运算顺序正确计算小数四则混合运算，能应用运算律和其他一些运算规律进行小数的简便计算；能用学过的小数四则计算解决相关的实际问题；能根据具体情境合理求出积、商的近似值；能运用列举策略解决一些实际问题。	课件展示 自主探究 动手操作 讲解示范
	2. 小数计算整理与复习	1			
	3. 多边形的面积整理与复习	1			
	4. 统计表和条形统计图整理与复习	1			

续表

单元主题	学习内容	课时	周次	实施目标	实施要求
九、整理与复习	5. 综合应用与解决问题的策略整理与复习	2	第16—18周	3. 进一步体会用字母表示数的意义和方法，会用含有字母的式子表示数量、数量关系和计算公式，会求简单的含有字母的式子的值，会化简形如"$ax \pm bx$"的式子。 4. 进一步理解并掌握平行四边形、三角形和梯形的面积公式，能应用公式测量、计算或估计常见多边形的面积，能选择合适的单位表示平面图形或土地面积的大小，能采用合适的方法解决一些与面积计算有关的实际问题。 5. 进一步体会复式统计表和复式条形统计图的特点，能根据收集、整理的数据填写复式统计表、完成复式条形统计图，能对统计图表中的数据进行简单的比较和分析，提出一些问题并加以解决；能根据解决问题的需要主动开展实际调查，并用合适的统计图表呈现数据。 6. 在整理与复习的过程中，进一步体会数学知识和方法的内在联系，能综合应用本学期所学习的知识和方法解释日常生活现象，解决简单实际问题，进一步积累解决问题的经验、感受解决问题的策略、增强解决问题的能力，进一步发展数感、符号意识、空间观念和数据分析观念。 7. 在整理与复习的过程中，进一步评价和反思本册教科书的整体学习情况，体验与同学交流和获得成功的乐趣，感受数学学习的意义和价值，发展对数学的积极情感，增强学好数学的自信心。	课件展示 自主探究 动手操作 讲解示范

五、课程实施

1. 课程资源

（1）《教师教学用书·数学（五年级上册）》（江苏凤凰教育出版社2014版）。

（2）《小学数学备课手册（五年级上册）》（江苏凤凰教育出版社2013年版）。

（3）《义务教育数学课程标准》（北京师范大学出版社2012年版）。

2. 教学方式

（1）以学生的发展为本，用活新教材，深入开发例题资源，充分挖掘问题资源，合理利用习题资源。

（2）紧密结合现实环境，努力创设现实情境，认真组织数学活动，使学生体验和理解数学。

（3）让学生在具体的操作活动中开展观察、猜想、推理、交流等活动，鼓励学生发表自己的意见，与同伴进行交流，并学会合作。

（4）优化教学策略，采取各种生动活泼的形式激发学生的兴趣，让学生在轻松愉快的气氛中学好数学。

（5）充分利用学生已有的生活经验，引导学生把所学知识应用到生活中，解决身边的数学问题，了解数学在现实生活中的作用，体会学习数学的重要性，提高学习积极性。

（6）正确认识学生个体差异，因材施教，使每个学生都在原有基础上得到发展，让学生获得成功的经验，树立学好数学的信心。

（7）尊重学生，留给他们充分的思考空间。建立探索性学习方式，培养学生的创新意识。

（8）介绍课外数学知识与方法，开阔学生的视野，增强学生的学习兴趣。

（9）为每堂课设计分层教学目标，让学有余力的学生回答较难的问题，以开发他们的智力。课后设计选做题，让学有余力的学生做，进一步培养他们的思维能力。

（10）利用小组讨论的学习方式，使学生在讨论中人人参与、各抒己见、互相启发，自己找出解决问题的方法，体验学习数学的快乐。

3. 学习方式

（1）认真上课，独立完成作业，及时订正，养成良好的学习习惯和态度。

（2）学会与他人合作，体验团体的力量。

（3）养成良好的审题习惯，能从多角度思考，会用不同的方法来整理条件和问题。

（4）正确面对自己的薄弱点，敢于通过自己的努力改变和提升。

4. 学生辅导

（1）对学有困难的学生：

① 创设民主和谐的学习气氛，让学生真正成为学习的主人，激发学生学习数学的兴趣，培养学生的合作精神。

② 重视培养学生分析问题、解决问题的能力，在学习过程中培养学生认真负责的学习态度和细心计算、验算的好习惯。

③ 实施精讲多练，让学生熟能生巧。

（2）对学有余力的学生：

① 注重学生对在知识形成和探究过程中获得的经验和方法的积累，多采用动手实践、自主探索、合作交流的方式，培养学生从周围情境中发现数学问题并用所学知识解决问题的能力。

② 采用课内与课外相结合的方式，让学生在课内学知识，在课外学技能，真正做到掌握并灵活运用知识。

六、课程评价

本学期学业评价总分为100分，结果以等级呈现。评价项目包括过程性评价（占50%）和期末结果性评价（占50%）两个部分。

（一）过程性评价（表1-17）

表1-17　过程性评价（50%）

评价项目	评价要素	评价等第描述	评价方式
预习与口算评价（10%）	能在课前做好预习工作，能根据导学单发现问题或提出疑问，能按时完成课前5分钟的口算练习（10题），并保证准确率（在规定时间内未完成的算错题）	A. 口算准确率≥90%，预习且有自己的想法（10分） B. 准确率为75%～89%，能主动预习（6分） C. 准确率<75%，但能适当预习（2分）	小组长记录情况

续表

评价项目		评价要素	评价等第描述	评价方式
课堂表现评价（10%）	课堂常规（5%）	认真听讲、积极发言、独立思考、主动参与	根据思考、交流、合作的程度分为A、B、C、D四个等级，分别记5分、4分、3分、2分	学习小组记录表现
	课堂操作技能（5%）	动手能力、算理描述、创新意识	根据任务完成情况分为A、B、C、D四个等级，分别记5分、4分、3分、2分	课堂观察组内互评
作业评价（10%）	一般作业（5%）	作业态度、作业质量、纠错习惯、应用能力	根据作业完成情况分为A、B、C、D四个等级，分别记5分、4分、3分、2分	作业批改记录
	长时作业（5%）	参与积极性、问题解决能力、数学意识		
学期中阶段性学业评价（20%）		数感、符号意识、空间观念、数据分析观念、运算能力、问题解决等能力的发展水平	卷面满分100分	纸笔测试（80分钟）

（二）期末结果性评价（表1-18）

表1-18　期末结果性评价（50%）

评价项目	评价要素	评价等第描述	评价方式
期末结果性评价（50%）	数感、符号意识、空间观念、数据分析观念、运算能力、问题解决等能力的发展水平	卷面满分100分	纸笔测试（80分钟）

（三）学期总评成绩结果呈现

学期总评成绩以等第形式呈现，共分为四个等第。等第与分值的换算方法如下：优秀（≥90分）、良好（75~89分）、及格（60~74分）、不及格（<60分）。

（有改动）

越溪实验小学数学学科课程纲要点评

王建兵

  课程纲要是指以纲要的形式呈现出某门课程的各种课程元素的文本。数学课程纲要是数学教师依据课程标准和某一学期数学教材编制的，体现课程元素，指导学生"学"与教师"教"的计划纲要。它至少需要涉及四个基本方面，即课程目标、课程内容、课程实施和课程评价。

  越溪实验小学数学教师做了这方面的研究、尝试和改进，编写出了较高质量的小学数学课程纲要。朱丽老师这个课程纲要案例有以下几个特点。

  第一，栏目齐全，有助于教师明确数学课程的总体目标与内容要求。

  数学学科课程规划的层级，第一层是课程标准和教材，第二层是学期课程纲要，第三层是单元主题/课时教学案。可见，学期课程纲要起到了承上启下的作用。要编制一份学科课程纲要，必须做到熟悉课程标准，熟悉教材，明确测评方向，细化课时分配和课时目标，还要分析学生特点。这样才能更好地把握学科思想、掌握学科知识体系、明确学科课程目标。

  这份课程纲要包括了以下两部分内容：

  第一部分是一般性项目，包括课程名称、课程类型、教学材料、授课课时、主讲教师和授课对象。

  第二部分是具体内容，包括课程简介、背景分析，以及四个课程元素——课程目标、课程内容、课程实施、课程评价。

  朱丽老师对数学课程标准、数学教材进行了认真的学习和梳理，对学生们已有的知识技能和数学素养做了准确的比较和分析，编写的课程纲要栏目齐全、条理清楚。该纲要从整体到局部回答了这样的3个问题：① 要把学生带到哪里去，体现在数学学科定位是什么及整体目标、单元目标、具体课时目标上。② 怎样把学生带到那里，体现在数学学科教学突出的教与学方式上。③ 如何确信已经把学生带到了那里，体现在设定什么样的跟踪监测方案上。这样的课程纲要能让学生和教师都清楚地知道在以后的学习中要做什么、怎么做、为什么这样做，有助于教师明确数学课程的总体目标与内容要求,更好地落实课程标准,提高教学效率。

第二,重点突出,有助于教师优化教与学方法和学习活动方式。

朱丽老师编写的这份课程纲要,除了栏目齐全外,还突出了重点,那就是对课程的四个基本元素的阐述。课程目标是构成课程内涵的第一要素。朱丽老师制定的课程目标,包括知识与技能、数学思考、问题解决、情感与态度四个方面,以学生的视角来表述,全面、适当、清晰,与数学课程标准的课程总目标保持一致,充分反映了教师对学生的研究、对课程标准总目标的理解,以及对所用教材及其他资源的分析。课程内容能够根据课程的目标要求,从单元主题、课时学习内容、课时安排、上课周次、实施目标、实施要求等方面进行设计,在总体上把握教材内容难点、重点等,明确各内容之间的性质关联,注重处理好各内容之间的均衡与衔接关系。课程实施体现了课程资源、教学方式、学习方式和学生辅导四个方面,明确了凭借哪些教学资源、教师如何进行教学、学生如何进行学习、如何做好对学有困难学生和学有余力学生的辅导这些内容,从而确保教学活动有效地实施和推进。课程评价设计了过程性评价和期末结果性评价两部分,其中过程性评价包括预习与口算评价、课堂表现评价、作业评价、学期中阶段性学业评价四个项目。这样的评价体现了过程性评价和结果性评价的结合、多项目评价和测试评价的结合、学分评价和等第评价的结合。

对课程四个基本元素的详细阐述有利于教师从"一节课"走向"一门课程",不断改进教学方式;有利于学生明确数学教材的全貌,增强学好数学的信心,不断优化、改进学习方式;有利于教师组织有效的数学活动,不断提升学生的数学素养。

编制质量高并被有效使用的课程纲要能够规范教师的教、指导学生的学,有助于师生关系的和谐,体现学科育人的价值。越溪实验小学数学教师对于课程纲要的研究成果是值得推荐和推广的。

(有改动)

示例5：英语（二年级下册）课程纲要

课程名称：英语

课程类型：必修

教材来源：译林出版社 2016 年第 1 版

适用年级：小学二年级

课时：65 课时

设计者：居静华

一、背 景

（一）学情分析

二年级学生已经学过一年的英语。大部分学生对英语比较感兴趣，有一定的模仿能力，能较好地掌握上学期的学习内容，朗读、背诵等成绩较为理想。大多数学生学习习惯较好，能做到课前预习、课后复习，按时完成课内外作业。但个别学生的学习习惯较差，学习比较被动。学生对单词的应用比较熟练，但对词组和句子的识记有一定难度。学生对一些游戏、图片等形式较感兴趣。因此，教师在激发学生学习兴趣的同时，还需进一步培养其良好的学习习惯。

（二）教材分析

本册教科书共有 8 个 Unit 和 2 个 Project。每个新授 Unit 围绕一个特定的话题，结合功能和结构，安排了一系列语言实践活动。这样安排的目的是让学生通过体验、实践、参与、合作、交流和探索等方式，学习语言知识、语言技能和技巧，从而完成学习任务。同时，这样的安排也使教学过程成为师生之间、学生之间相互交流、沟通、理解和补充的过程。

Story time：通过情景对话，训练学生的听说技能，同时呈现话题。

Fun time：通过小游戏等达成语言实际运用的教学目的。

Song time/Rhyme time：活跃气氛，激发兴趣，巩固所学，培养语感。

二、目 标

（一）总体目标

总体目标：能比较熟练地运用所学的日常交际用语；能根据实物图片等说出所学单词，发音正确；能在图片、手势等非语言提示的帮助下听懂较长语篇的录音；能演唱学过的童谣；能正确地书写单词、词组和句子，独立完成抄写、默写等作业，按照要求正确有序地完成题目；能对不同的话题用英语谈论一二，并理解国内外语言文化的不同，体会不同国家的文化与趣事，感受文化之美。

（二）语言技能

1. 听、做

（1）能根据所听内容进行简单的听力练习，如勾选、连线等。

（2）能制作简单的小海报、写日记、做手工等。

（3）可以听懂同伴之间的交际用语和练习句型。

2. 说、唱

（1）能根据教师安排展开对话（一问一答）。

（2）可以根据图片内容谈论相关信息，并且对他人的言论做出评价。

（3）可以吟唱四首英文歌曲和四首英语小诗歌，感受诗歌中的韵律美。

（4）能跟唱英文歌谣，唱准单词音节，培养节奏感，体会节奏带来的律动美。

3. 玩、演

（1）能用英语做游戏，比如你说我演等。

（2）能表演英文歌曲或歌谣，加上个人动作和感情。

（3）能就所学内容参与角色表演或完成相应语言交际任务，比如采访、角色扮演等。

4. 认、读

（1）能看图识词（单词、词组）。

（2）能在图片的帮助下读懂小故事。

三、课程内容（表1-19）

表1-19　课程内容

单元	题目	话题	课时
		分享本学期的课程内容和要求	1
Unit 1	Where's Kitty?	Household items and position	4
Unit 2	Dinner is ready!	Meals and offerings	3
Unit 3	We all like PE!	School subjects and likes	3
Unit 4	I have big eyes	Features and describing myself	3

续表

单元	题目	话题	课时
Project 1	We are friends!	Review	3
Revision 1	Review Unit 1-Unit 4	Review	3
Unit 5	Can you?	Sport and ability	3
Unit 6	Let's go shopping!	Clothes and shopping	3
Revision 2	Review Unit 1-Unit 6	Review	3
Unit 7	Summer	Summer activities	3
Review Unit 1	Review Unit 1	Revision	3
Review Unit 2	Review Unit 2	Revision	3
Review Unit 3	Review Unit 3	Revision	3
Review Unit 4	Review Unit 4	Revision	3
Review Unit 5	Review Unit 5	Revision	3
Review Unit 6	Review Unit 6	Revision	3
Review Unit 7	Review Unit 7	Revision	3
Unit 8	Don't push, please	School life rules	5
Project 2	Summer camp	Revision	3
总复习	Unit 1-Project 1	Revision	3
总复习	Unit 5-Project 2	Revision	3
考试		期末考试	1

四、实施

（一）课程资源

学习材料：教材、活动手册、补充习题。

工具材料：录音机、教学光盘、卡片、头饰等。

网络资源：牛津中小学英语网，译林备课室一、二年级群。

（二）教学活动

1. 词汇教学

（1）课前单词热身，利用 Magic eyes、说出同类词、读词说句等活动带领学生复习单词，把学生轻松地带入英语课堂。

（2）课上新授单词时，通过单词卡片等教学资源引出新单词，让学生听录音跟读，掌握语音语调；把单词放入句型进行操练，并通过认读单词游戏、单词归类、改编歌谣等形式，让学生及时巩固。

（3）让学生课后及时复习，利用自制卡片、每天听录音跟读、模仿书本自编对话等形式，使所学词汇学以致用。

2. 对话教学

（1）在复习中引出新对话。

（2）让学生听录音跟读模仿，掌握语音语调。

（3）创设情境练习，让学生表演对话。

将 Song time 和 Rhyme time 作为课堂的调节剂穿插在各个环节中，调节课堂气氛，激发学生的学习兴趣。

五、评价

本学期的课程评价由过程性评价和结果性评价两个部分组成，成绩以百分制形式呈现，其中，过程性评价占30%，结果性评价占70%。

（一）过程性评价

过程性评价包括上课表现评价、读书评价和作业评价。

（二）结果性评价

结果性评价以期末考试总成绩（满分100分）的70%计入，包括口语评价、听力评价和笔试评价。

（三）学期总评成绩结果呈现

学期总评成绩以等第形式呈现，共分为四个等第：优秀（≥90分），良好(75~89分)，及格（60~74分），不及格（<60分）。

（有改动）

英语（二年级下册）课程纲要点评

沈红雨

本课程纲要是依据国家义务教育阶段小学英语学科课程标准，结合译林版小学英语二年级下册教材及苏州市吴中区舟山实验小学二（3）班学生学情等因素，对本学期的英语学科的课程目标、主要内容、实施要求和课程评价进行整体设计的专业方案。本课程纲要在背景介绍中根据学生的学情，对本册教材内容进行了系统梳理和分析。在目标介绍中依据国家课程标准，将教材内容和本班学情相结合，提出了期望达到的学习效果，为课程的具体实施明晰了方向。课程内容既能围绕教材单元话题，又能根据课程标准指向的维度，从单元整体出发，聚焦学生英语学科素养的提升。课程评价做到了多角度和多元化评价，实现了过程性评价与结果性评价相结合，口语、听力与笔试相结合，具有一定的可行性。本纲要文本呈现规范、结构清晰。希望教师在纲要的制订中关注学生主体，更注重依据本年段学生的学情特点，从低年级学生学习的视角出发，提出实施目标，进一步细化单元整体教学设计所期望的效果。

（有改动）

示例6：英语（六年级下册）课程纲要

课程名称：英语

课程类型：必修

教材来源：译林出版社2014年版

适用年级：小学六年级

课时：60课时

设计者：袁君燕

一、背 景

本册教材共有8个Unit和2个Project，Unit中有Story time, Grammar time, Fun time, Cartoon time, Sound time, Rhyme time/Song time, Culture time, Checkout time, Ticking time。教师在教学时不必拘泥于教材的编排，可根据班级的具体情况和实际教学课时，将各单元内容重新组合，科学合理地将单词教学、对话操练、复习巩固融为一体。六年级学生已有五年的英语学习经验，他们对英语有了浓厚的学习兴趣，在课堂上能积极参与各项活动，乐于用英语表达。这为课堂教学的成功创造了良好条件。学生要从语言技能、语言知识、情感态度、学习策略、文化意识五个方面加强对英语的学习。根据新冠肺炎疫情防控需要，本学期的英语学习以线上和线下学习即在家和在校学习相结合的方式进行。

二、目标

（1）通过图片、录音和多媒体资源，能听懂、会读、会说、会写四会单词、短语，并能按拼读规则等策略记忆单词，能用所学词汇组词组句。

（2）通过图片、录音和多媒体资源，能听懂、会读、会说、会写句型和日常用语。

（3）通过字母、字母组合在单词中的位置，能听懂、会说、会拼读。

（4）通过多媒体资源，能结合语境，使用话题句型，就经典故事、天气、节假日、科技、公共标志和环境保护这六个话题进行简单的陈述和交流。

（5）通过图片或多媒体资源，能听懂与单元话题相关的8个故事。

三、课程内容（表1-20）

表1-20 课程内容

单元	题目	话题	课时	形式
		分享本学期课程内容和要求	1	线上学习
Unit 1	The lion and the mouse	A classic story	4	线上学习
Unit 2	Good habits	habits	3	线上学习
Unit 3	A healthy diet	Food	3	线上学习
Unit 4	Road safety	Safety rules	3	线上学习
Project 1	Being a good student	整合、复习	3	线上学习
Unit 1-Unit 2	复习 Unit 1—Unit 2	整合、复习	1	线上学习
Unit 3-Unit 4	复习 Unit 3—Unit 4	整合、复习	1	线上学习
Unit 1-Unit 4	复习 Unit 1—Unit 4	整合、复习	1	线上学习
Unit 5	A party	Leisure	3	线上学习
Unit 6	An interesting country	Countries & Talking about the future	3	线上学习
Unit 1-Unit 2	复习 Unit 1—Unit 2	整合、复习	1	线下学习
Unit 3-Unit 4	复习 Unit 3—Unit 4	整合、复习	1	线下学习
Unit 5-Unit 6	复习 Unit 5—Unit 6	整合、复习	1	线下学习

续表

单元	题目	话题	课时	形式
Unit 7	Summer holiday plans	Holiday plans & Talking about the future	6	线下学习
Unit 8	Our dreams	Jobs & Talking about the future	6	线下学习
Project 2	A travel book	整合、复习	6	线下学习
总复习	Unit 1—Unit 8	复习	12	线下学习
评价展示		通过对一学期所学习内容的展示，知道自己有哪些收获，知道自己有哪些不足	1	线下学习

四、实 施

（一）课程资源

（1）学习材料：教材、补充习题、同步练习和检测卷。

（2）工具材料：录音机、教学光盘、卡片、头饰等。

（3）网络资源：

牛津英语教研网（http：∥www.njyyjy.com）。

21 世纪教育网（https：∥www.21cnjy.com）。

译林教育网（http：∥edu.yilin.com）。

应用程序（App）：苏州线上教育、吴中智慧教育云平台、喜马拉雅、英语趣配音等。

辅助教材：牛津阅读树系列、《跟上兔子》系列，自然拼读 phonics，*Get smart*。

（二）教学活动

（1）问题驱动教学：创设问题情境，设置问题链（学生生成、探究、交流的问题）。

（2）合作学习：让学生以小组合作和同伴互助合作方式完成小课题的探究、调查、活动等。

（3）讲授和训练：精讲主干知识，精炼结构化知识，练习以节为单位，通过全批、全改、面谈和笔试，掌握学情，调整教学。

（4）反馈：

课堂反馈：主要通过观察、问答、交流、考试等途径来实现。

课后反馈：主要通过课后作业、问卷调查、访谈等途径来实现。

（5）整理与复习：以重点词汇、句型等为核心，梳理知识脉络，构建知识体系，以配套的练习手册为载体，增强学生知识和技能的运用能力。

（三）实践活动设计

实践活动包括课本剧表演、童话剧表演、英文歌曲串烧、英语趣配音、英语手绘本、英语朗诵比赛、单词默写大赛、英文手抄报比赛等。

五、评价

学期总评成绩＝过程性评价成绩（30%）+期末考试成绩（70%），90～100分为优秀，75～89分为良好，60～74为合格，不足60分为不合格。

（一）过程性评价（30%）

（1）学生每次的作业情况（10%），记录在作业评价本中。

（2）学生每周的课堂表现（10%），记录在教室英语课堂表现评价栏内。

（3）期中测试成绩（10%）。

（二）期末考试（70%）

期末考试主要以纸笔测试为主，听力部分和笔试部分比例为3∶7，满分为100分，按70%计入学期评价成绩。

（三）评价标准

（1）自我评价。学生对自身的各单元学习状况进行判断与评估。

（2）伙伴互评。学习伙伴对学生的学习行为与结果及人际交往中的表现进行判断与评估。

（3）教师评价。教师依据标准对学生的学习状况、学习行为与结果等方面做出综合判断与评估。

（4）单元过程性评价。教师依据各单元目标练习卷，对学生听力及笔头等学习能力做出评价。

（5）学期终结性评价。教师依据期末综合测试，对学生听力及笔头等学习能力做出评价。

英语（六年级下册）课程纲要点评

沈红雨

  本课程纲要是依据国家义务教育阶段小学英语学科课程标准，结合译林版小学英语六年级下册教材及苏州市吴中区越溪实验小学六年级学生学情等因素，对本学期的英语学科的课程目标、课程内容、实施要求和课程评价进行整体设计的专业方案。本课程纲要在背景介绍中根据学生的学情，对本册教材内容进行了系统梳理和分析。在目标介绍中依据国家课程标准，将教材内容和本班学情相结合，在知识与技能、过程与方法等方面为课程的具体实施明确了方向。课程内容既能围绕教材单元话题，又能根据课程标准指向的维度，进行单元整体教学设计，从单元整体出发，聚焦学生英语学科素养的提升。课程评价与目标设定较好地匹配，实现了过程性评价与结果性评价相结合，口语、听力、笔试相结合。本纲要文本呈现规范，结构清晰，具有一定的可行性。希望教师在纲要的制订中关注学生主体，根据六年级学生的学情特点，进一步明确课外拓展的期望成效。

（有改动）

第二章 课程实施能力建设

第一节 体验与发生
——乡村小学课程实施的课堂生态

"体验与发生"是课堂教学的一种生态化描述,是教学中以体验教学为主要教学方式,始终根据育人目标,始终从人的发展的角度考量,始终从学生核心素养(包括学科素养)的培养出发,让活动真正发生,让体验真正发生,让学习真正发生,让思维真正发生,让学生素养的培养和发展真正发生的课堂生态。"体验与发生"的课堂教学研究是建立在"小学语文体验教学的实践研究"成果基础之上的校本化课堂教学变革的尝试,希望通过整体的体验教学实施,落实育人目标、学生认知发展、教师专业发展,最终实现"体验与发生"课堂生态的有效呈现。

一、"体验与发生"课堂教学生态

人性的完整决定了学习的完整性——通过学习来实现"完整的人"的培养。体验教学的本质是主体全身心地有效参与,通过与环境的有效互动,实现生命的完整成长。小学体验教学应以培育"完整的人"为追求,在体验与认知、体验与思维、发展与动态平衡中进行课堂教学实践。

(一)重回现场,在经验过程中获得完整的认知体验

认知是指人们获得知识、应用知识或信息加工的过程,这是人的最基本的心理过程。它包括感觉、知觉、记忆、思维、想象和语言等。人的认知能力与人的认知过程密切相关。在小学体验教学中,这种认知是通过体验来完成的,是一个经验化的过程。进行体验式学习,就是要避免碎片化、浅层次的重复学习,把机械地灌输转变为学生感性的经历,通过学习情境的创设,帮助学生重回知识形成的现场,体验知识形成的过程,使学生在完整的学习

过程中对知识有完整的认知,或对认知的过程有一个完整的经历。

(二)建立结构,在层次攀升中经历完整的思维体验

从体验到建构,如果将完整的学习过程看作建房子的过程,那么思维就相当于起支撑和架构作用的钢筋骨架。知识的最大优越性在于最大限度地摆脱感觉要素。要促进学习的深层发生,就要把更多的感性体验转化成理性的思考和认识。知识和学习的完整性决定了体验式学习的阶梯性。随着学习的层次推进,教师要不断培养和发展学生的形象思维、逻辑思维和批判性思维。

(三)人文互动,在体悟意蕴中形成完整的精神体验

从广义上来说,一切给人以情感生发和变化的活动都是体验。体验和情感相伴相生。近些年来提倡的学生发展核心素养包含必备品格、关键能力和价值观念三个方面。在小学体验教学中,育情是重要任务。育情是否有效是检验体验式学习是否有效进行、深度学习是否真正发生、学习是否完整的不可或缺的指标。因此,在教学中,教师要将体验和育情一体化,充分借助教材及学科的意蕴,通过体验的方式以完整的学习培养"完整的人",促进学生的精神成长。

(四)整体建构,在动态平衡中实现完整的具身体验

注重整体关联是中国传统哲学的特点。任何事物都不是孤立的,而是相互关联的。任何一个部分,都不能孤立于整体之外,更不能用来说明整体的问题。要正确认识小学体验教学中体验与认知、体验与思维、体验与情感(精神)这三部分内容,就要将它们放到"完整的人"的发展中来看。这样才有意义,才能凸显体验教学的意蕴。

二、"体验与发生"教学范式

(一)优化小学语文体验教学的教学范式

笔者聚焦本课题的研究目标,在"体验与发生"教学的实践研究中,不断优化小学语文"体验与发生"教学范式,增加了迁移生成环节,如图2-1所示。

图2-1 优化后的小学语文"体验与发生"教学范式

1. 明确任务

明确任务是体验教学的第一步。在教学中，教师要给予学生课文学习的完整性和感悟的整体性。在体验教学中，教师应在起始环节给学生明确的学习任务（主题），在教学过程中才能创设适切的体验情境，让体验有既定的目标。值得注意的是，由于语文课程的综合性特质，学习任务往往以任务群的方式出现。

2. 情境创设

教师应根据体验主题创设真实的生活情境，让学生以参与者的身份投入学习活动中。在这一环节的操作中，至少要注意两个方面：一是教师要契合文本内容和体验任务，根据文本实际运用多种方式创设真实的情境，避免为创设情境而创设情境的庸俗化倾向；二是教师应保证体验情境符合学生的年龄层次，体验活动贴近学生的最近发展区，形成梯度教学层次，使学生能充分发挥主体性，使体验活动在"真体验"中实现高效能。

3. 亲历参与

亲历参与是体验教学的关键环节。教师要让学生在有意义的真实情境中进行各种参与性学习活动。要根据文本、知识的各种特殊性或独特性，选择适合学生体验的方式，让学生有针对性地主动参与体验。值得注意的是，在这个环节的教学中，教师要处理好知识呈现和体验方式选择的问题。不同的教学内容有不同情境创设要求和体验要求。在阅读教学中，不同的课文会因文本体裁的不同或学习内容呈现方式的不同（如轻重、主次、强弱、显隐等）呈现特殊性，非连续性文本的教学对情境创设的要求则更高。体验教学必须把握这些特殊性，才能更具针对性和有效性。

4. 内化领悟

教师要通过活动体验，让学生成为学习的参与者，在参与语文学习实践的过程中，对知识进行记忆和整合，主动将亲历学习过程所获得的认识、理解和实践操作技能与自身原有的知识形成对应和联结，理解知识，发展能力，建构意义，生成情感。

5. 检验评价

教师要通过自评、互评、引评、展评等多种方式，使学生从参与者的角度对学习任务的完成效果及体验活动的参与度和有效度进行评价。

6. 应用拓展

应用拓展这一环节意在让学生领悟，提升体验教学的发展性品质。这个环节旨在打通课内与课外、间接知识与直接经验、知识获得与知识应用。因此,这个环节的具体操作可以分为不同的类型,包括迁移型、拓展型、辐射型等。在实施过程中,教师要把握好教学主题和体验发展之间的双向融通,把语文学习和大自然、社会及日常生活联结起来。

7. 迁移生成

教师要让学生从学习的情境迁移到生活的情境(其他复杂或陌生的情境),从实践过的任务迁移到相同情境中的类似的其他任务等;让学生能够停一停、想一想,在静思默想中,将浅层知识向深层理解甚至是概念性思维转化,并且生成新的知识体系。

(二) 按照知识呈现特点创造匹配的教学变式

语文课程内容丰富,小学语文教学的类别也比较多样,如识字教学、阅读教学、口语交际教学、习作教学、综合性学习教学等。不同类别的教学决定了不同的知识呈现方式。在进行"体验与发生"教学时,教师要根据知识呈现的不同方式活用教学范式,体现教学的适切性和针对性,体现"体验与发生"教学的开放性和灵活性。

1. 识字教学

在识字教学(包括拼音教学)中,教师要将字与词结合放入整体(画面、课文语汇等)情境中,使学生对汉字的演化、字形的认识和记忆、字义的理解、书写的规范等都能够有更多的感官认识和操作性感受。一般来说,识字教学可以通过三种路径实现,如图2-2所示。

图2-2 识字教学的三种路径

2. 阅读教学

在阅读教学中,教师要根据阅读内容和阅读主题,创设和带领学生进入体验情境,使学生在参与活动中理解、感悟、思考、想象、应用,增强阅读能力,培养语文素养。阅读教学的路径如图2-3所示。

图2-3 阅读教学的路径

3. 口语交际教学

口语交际的学习有利于学生培养有意义的表达意识，树立交流自信，增强人际交往能力。口语交际的学习具有非常重要的现实意义。在小学语文体验教学中，口语交际的基本模型如图2-4所示。

创设情境—展现任务—交际尝试—反思领悟—情境再现

图2-4　口语交际的基本模型

4. 习作教学

在习作教学中，教师要根据习作要求，创设写作和体验的情境，使学生在参与、感悟中表达。根据小学阶段的习作教学内容及课程标准对小学生习作的要求，习作教学大致可分为四种类别，如图2-5所示。

生活场景类：唤醒—体味—描述
专项活动类：经历—感悟—表达
热点话题类：讨论—评点—抒发
具象引发类：观察—联想—交流

图2-5　习作教学的类别

5. 综合性学习教学

在综合性学习教学中，教师要扩展体验时空，引导学生借助团队策划、小组合作进行探究活动，放手让学生到生活中去调查、分析、总结、交流。综合性学习教学的路径如图2-6所示。

主题—讨论—策划（团队）—活动（小组合作）—交流—评价

图2-6　综合性学习教学的路径

（三）探索其他学科的教学范式

根据小学语文的"体验与发生"教学范式，笔者尝试构建了数学、英语、道德与法治、艺术、体育、科学、信息、劳技几门学科的"体验与发生"教学范式，如图2-7所示。

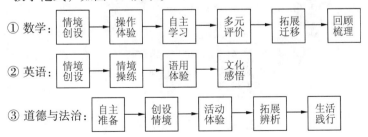

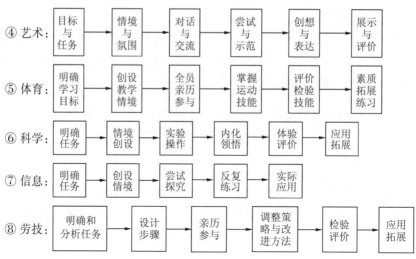

图 2-7 多门学科的"体验与发生"教学范式

（四）建构"体验与发生"课堂教学的范式

随着研究的深入，从各学科探索的范式中，课题组成员发现明确任务、情境创设、亲历参与、评价等方面有很多的相同点。基于此，以"体验学习圈"理论为基础构建的"体验与发生"课堂教学基本范式应运而生，如图2-8所示。在这个范式中，"情境创设""亲历参与""内化领悟"呈现了"体验与发生"课堂教学的基本特性，关注了教学中默会知识的学习，体现了学习螺旋上升、层次循环的特点。这个教学范式的建构更容易让教师理解和操作"体验与发生"课堂教学。

图 2-8 "体验与发生"课堂教学基本范式

三、"体验与发生"课堂教学实施策略

（一）创设真实情境，实现从知识走向体验

真实情境的创设是"体验与发生"教学的重要基础。"体验与发生"教学的情境是无处不在的。教师应当适时利用好学生与语言之间天然的亲近感，用创设的教学情境激发学生学习的主动性和体验的积极性。

（二）设计真实任务，实现从被动走向主动

真实任务就是有挑战性的学习任务。适度、适时、适合的挑战性任务能激发学习欲望，更能培养学生的高阶思维，促进学生形成深度学习，从单纯被动地学习转变为主动地参与建构。

（三）强化师生互动，实现从静态走向发生

师生互动是"体验与发生"课堂教学的重要环节。在小学体验教学中，育情是重要任务。教师要将体验和育情一体化，打破课堂上传统的静默的互动方式，开拓师生互动的新范式，实现学生从静态的感官刺激向立体的、动态的思维生发转变，从而使师生互动真正发生。

（四）突出知识建构，实现从形态走向生态

知识建构是指把所学的知识划分为不同的部分或归入某种更大的范畴，再组织起来进行模块化的过程。这是深度学习的过程，更是一个超情境的体验过程。在"体验与发生"教学中，教师应引导学生充分进行思维实践，逐步建构与充实概念，进行指向结构的梳理与反思，帮助学生建构学习的学科谱系。

四、"体验与发生"课堂教学评价体系

"体验与发生"课堂教学评价标准制定的依据是建构主义学习理论，因此，"体验与发生"课堂教学评价体系的出发点是以学论教，通过学生的实际学习行为与效果来评价教师的教学行为与教学效果。在这一教学模式中我们特别重视教师个性的发挥和学生的课堂表现。"体验与发生"课堂教学评价表如表 2-1 所示。

表 2-1 "体验与发生"课堂教学评价表

课题		教师		
时间		班级		
一级指标	二级指标		分值	得分
教师素质（40分）	1. 目标明确：目标科学、合理，学生在体验中能有所习得；教学设计科学、针对性强，体现"体验与发生"的课堂教学生态		5	
	2. 注重引导：娴熟组织学生体验学习；营造民主、平等、互动、和谐的学习氛围；善于创设情境，让学生在自主、合作、探究中体验、成长		10	
	3. 语言精练：语言生动、形象、简练，富有感染力，教态自然大方；语言富有启发、点拨意味，有助于学生体验活动的开展和发展		10	
	4. 评价适宜：使用发展性评价和表现性评价，善于激励、鼓舞和唤醒		5	
	5. 媒体恰当：媒体选用恰当，表现形式和内容与教材相匹配，有助于提升学生参与的主动性、积极性，启发学生的思维		5	
	6. 作业合理：精选课堂练习，课后作业科学、适量，有针对性和层次性		5	
学生表现（60分）	1. 有效先学：课前做好搜集资料、现场调查、参观访问等准备，获取事实材料		8	
	2. 独立思考：有主见，能形成较有条理的思考结果		10	
	3. 合作探究：小组体验活动有组织、有机制、有展示、有评价、有效果。学生对体验印象深刻，有真实的、深入的情感流露		12	
	4. 积极参与：主动交流、大胆质疑，与教师、同伴主动交流，发现并提出问题，表达清楚，善于在参加活动中学习，主动迁移，发展学科素养		10	
	5. 认真倾听：认真听教师的引导、同学的表述		10	
	6. 善于归纳：积极参与课堂的各种归纳性小结，学会积累课堂活动中的基本经验		10	

注：90分及以上为优秀；75~89分为良好；60~74分为合格；59分及以下为不合格。

五、构建"体验与发生"科研成果推广应用基本模型

"体验与发生"科研成果推广应用基本模型是将成果从原生状态转变为应用状态的加工系统,包括动力系统、技术系统、支持系统三个子系统。动力系统为科研成果推广应用提供原动力,承担成果应用转化的启动任务;技术系统是由对原生成果进行加工的策略及加工后形成的成果共同构成的操作性要素所组成的子系统,承担着对原生成果的具体加工任务;支持系统是由为实现原生成果顺利转化提供相应的支撑条件的要素所构成的子系统,它是成果推广应用正常运转的重要前提和基础。三大子系统既相对独立又密切联系,保障成果推广的有序、有效运转。"体验与发生"科研成果推广应用基本模型如图 2-9 所示。

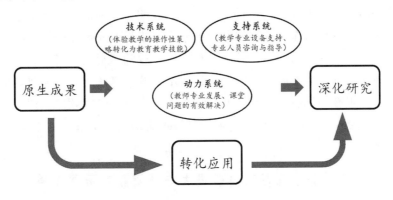

图 2-9　"体验与发生"科研成果推广应用基本模型

以课堂教学变革的校本化研究的方式推广体验式教学的研究成果,能推进课堂教学的经验化改造,让广大小学教师充分认识到体验教学是新课改呼唤的重要教学方式,能加强师生之间的有效互动,使教与学在经验交融的过程中得到促进,在提升课堂教学质量的同时,增强学生的学习力。在课题研究过程中,深入小学教学课堂,能够较为真实地了解一些实际状况和存在的问题,有利于针对存在的问题提出改进对策,为小学课堂教学实践提供一些指向性和理论性的建议,从而让"体验与发生"成为课堂教学的生态,为一线教师和相关学校进行课堂教学的变革提供样本。

第二节 策略与路径
——乡村小学的课程实施与"大备课"

"大备课"是为增强乡村小学教师课程能力，有效缓解教育需求日益增长与师资力量相对薄弱的矛盾而建立的促进教师不断学习、系统提升、有效提高的便捷平台。它以专家为引领，面向所有学科和全体教师，在教育行政部门的主导下，形成"高端专业、融合团队、全程跟踪"之无痕贯通的组织形式，并逐步提炼出一种可借鉴的教学经验和教育范式。

面对乡村教育和城区教育的诸多不同和事实差距，振兴乡村教育成为共识。乡村教育是面向未来的教育。从某种程度上说，乡村教育的未来就是中国教育的未来。如果说过去乡村学校发展建设的三个痛点是资金、教师和学生，那么，随着乡村振兴计划的有效实施，乡村小学的基础化改造基本完成，现在乡村小学发展面对的主要问题是长期以来教师课程能力较弱，课堂教学有效度较低。学校的发展、教师的成长和学生的培养能否不因基础薄弱而降低标准？增强教师课程能力已经成为乡村小学发展的"燃眉之急"。要想破题解困，就要全面推进新课程改革，有效增强教师课程能力，推进"大备课"的实施。

一、有效缓解教育需求日益增大与师资相对薄弱矛盾的"大备课"举措

如果说教育有矛盾，那么笔者认为，最大的矛盾就是广大人民群众对优质教育资源越来越多的要求和不平衡、不充分的教育发展之间的矛盾。乡村小学地处农村，相对偏远，经济条件差，教师、学生缺乏自信。长期的生活环境和不自信心理使乡村小学的教师和学生形成了一种习惯性的认知——乡村的教师、孩子自然比城市的教师、孩子差，也使乡村小学的校长、教师容易滋生怠惰之心。消除自卑、驱除怠惰，实施乡村小学"大备课"，帮助并促进一线乡村教师备好课、上好课是迅速集结优质教育资源，精准帮扶乡村教师提升育人水平、实现专业成长的有效举措。

近年来，随着经济社会的快速发展，教育规模的不断扩大，教学技术发展的日新月异，人工智能的悄然介入，公平而有质量的教育成为民生追求。与社会环境大变化、时代大变革不太适应，和教育优质均衡发展要求不相匹配的是教师的课程意识与教学实施水平不足，差异明显。这成为制约乡村小

第二章 课程实施能力建设

学高质量发展的瓶颈。由此，教育发展与社会期望有较大距离的矛盾现象也形成了。乡村小学"大备课"的实施能有目的、有计划、有组织地对教师课程行为进行全程跟踪，对教学实施及其主要过程进行全程辅导，有效提升教的水平与学的质量。这是一条缓解区块供需矛盾，培育优质教育资源，增强乡村小学一线教师教学能力的有效路径。

二、以"大团队、全流程、深研究"为特征的"大备课"策略

"大团队、全流程、深研究"构成了"大备课"实施的关键要素与实践策略。"大备课"实践范式为乡村小学从问题导向走向理性探索提供了有效的实践路径。"大备课"的特征主要有以下三个。

（一）"大团队"打造

"大团队"即"大备课"组织结构，主要包含以下三个层面的团队：一是以课程专家为主体的顶层设计与方向引领者。通过课程专家的引领，教师不但能开阔视野，从更高的层次上理解教材和课堂，而且能有力地加强对课程的理解力，从而提高乡村小学的整体课程能力建设水平。二是以教研专家为主体的学科理解与教改指引者。它既包括市区专业教研人员，也包括校内职能部门的人员。本着"不为我有，但为我用"的新型人才观念，"大团队"可通过灵活多样的方式吸引更多"接地气"的学科教研专家加入。三是以校内骨干教师为主体的参与者与践行者。这个层面的团队成员既是学习提升的对象，又是校本研修的骨干、专业成长的榜样、教学改革的先锋，在校内能起到努力学习、积极进取、不断提高的示范作用。

当然，以上三个层面的团队，从广义上讲，实际上还包括学校的全体学科教师。由"大团队"形成的大格局乡村小学提升工程有力地保障了乡村优质的教育资源。

（二）"全流程"关注

"全流程"关注也就是"全流程"集成，这也是一种系统思维观。"全流程"关注包括以下三个层次：一是宏观层面。课程专家的理论指导与来自学校实践的理性升华将为教师的学科教学提供更为宽广的背景。宏观层面的主要形式是学术讲座。二是中观层面。专兼职教研团队将引导一线教师进行国家课程校本化的课堂落实。中观层面的主要形式是案例专题研究。三是微观层面。"大团队"成员就某一教师成长的情况开展"解剖麻雀式"的研讨。微观层面的目标达成方式是以点带面、举一反三。无论是宏观层面、中观层面还是微观层面，每一个层面都有各自的全流程，如"大备课"中的微观流

程为学习理论—教改项目选择—课堂实操—集体诊断—反馈修正。关注过程，及时反馈，校正提升，螺旋循环——整体关联性研究将大幅度提升效能。这是"大备课"之"大"的又一维度。由此可知，"大备课"研究学习是要素的高度整体性与各自的充分能动性的有机集成。

（三）"深研究"追求

"大备课"为"深研究"创造了许多有利的条件。高层次顶级专家的引领、高水平教研人员的引导、优秀教师相互之间的交流与合作，使教师们的视野宽了、工作思路宽了，其教育的胸怀亦将更加宽广。例如，学校的一位语文老师累积自己20多年的教学感悟，在"大备课"团队的启迪下开展小学语文体验教学的实践研究，提炼出了小学语文体验教学课堂范式。通过课堂教学实践探索，她提出了体验教学的基本策略，并根据知识呈现的不同方式总结出了不同的教学变式，还将自己的实践探索和教学感悟写就并出版了两本专著，成为诸多教师专业发展的榜样。英国学者斯腾豪斯说过："教师应成为批判地、系统地考察自己的实践的研究者，以便更好地理解自己的课堂和改善自己的教学实践。"教师课程能力的增强离不开教师的自我审视和自我追求。"大备课"的有效实施恰好给了教师深耕课堂、深研课堂的温润土壤，能促进教师的专业自觉，促进教师的主动发展。

三、尝试建构以案例为对象的乡村小学"大备课"范式

"大备课"概念既有多向性，也有动态性。以案例为对象的"大备课"是一种积极的尝试。以作文教学为例，如部编版语文五年级下第五单元的习作主题是"形形色色的人"。我们在听课时发现了"因教材提供的具体内容过于单薄，教师认为教材内容难以做到课堂落实"的问题。随后，教导处、教科室共同牵头，将这一教学案例作为研究对象，经研讨后形成改进共识，然后安排教师进行课堂教学，在新的教学实践中基本达成了新的教学目标。最后在写作课程专家、语文教研专家及教导处、教科室的主导下，有关教师以新理念、新思路开展"形形色色的人"这一单元的整体教学，效果就大不一样了。由此，学校也形成了写作教学的新范式：说给你听，做给你看，让你参与其中，助你拓展提升。这不但受到了专家的高度评价，而且大大提高了作文教学的效能，受到了学生的普遍欢迎。

通过两年多的实践，一个以案例为研究对象，基本适合各个学科的"大备课"范式已初步形成，如图2-10所示。

图 2-10 "大备课"范式

"大备课"范式既是一个以优化课堂教学为目标的实践流程，也是一个以案例优化为抓手，以教学优化为表征的动力系统。这一范式体现了"大备课"从问题导向走向理性升华，以小问题形成大经验，推进教学质量提升与教师发展的积极作用。

课程建设是一个专业而完整的过程。乡村小学课程能力建设道路漫长且障碍重重。通过"大备课"的有效实施，学校能获得增强教师课程能力的有效路径，激活教师的内心渴望和实践勇气，为丰富具有中国特色的社会主义教育理论提供活水源头。

四、小学教研"大备课"项目化的实践

1. "大备课"项目化的团队建设

"大备课"项目正是为发展教师而设计与实施的。"大备课"项目的实施，首先要整合"大备课"的专业力量，建立"共同体"式的人员组织。"大备课"项目以"全员、全纳、全助推、全协同"为基本思想，一方面，邀请教育部课程改革、课程标准制定等方面的专家及教材主编、教研员为辅导专家；另一方面，鼓励、要求学校所有学科教师积极参加，主动接受专家、学者、教研员的指点与辅导，注重自主参与和感悟体验。"大备课"项目需要团队成员统一关于课程与教学等的认识，明确指导思想、实施目标、课程实施方法等，并以体验的方式参与。为此，在"大备课"项目启动初期，实

践的主要内容是利用开展讲座、分享、互动等方式使教师对课程和教学逐步形成新的认识，使专业力量凝聚成"大团队"。

2．"大备课"项目化的课程整合

"大备课"项目化的课程主要分为通识类课程和实践类课程。通识类课程的"大备课"以知道课程的内涵、了解课程与教学的基本原理、增强课程意识为目标，以主题阅读和专家讲座的方式进行。主题阅读重点安排了文件和专著两类，文件如《国家中长期教育改革和发展规划纲要（2010—2020年）》《国务院关于基础教育改革与发展的决定》等，专著如《教育的目的》《课程与教学的基本原理》《有效教学》等。实践类课程的"大备课"主要以理论和经验指导下的实际操作为主要内容，以专家讲座、实践操作、诊断指导、连续修正的方式进行。讲座内容主要有"学校课程与学校课程规划""校本课程开发的建议""理想课堂的建设""学科核心素养培育与教学变革""课堂观察工作坊"等，辅以全校教师的实际操作和应用。"大备课"项目化的实施，使教师在"做中学"的过程中，对课程与教学的认识逐步深入，教学实践的科学性、规范性、有效性不断加强。

3．"大备课"项目化的多元评价

"大备课"是着眼于教与学水平同步提升，学生与教师同步发展的教研项目。因此，项目评价主要以动态评价与过程评价为主，且在实施过程中以展示性评价、诊断性评价与辅导性评价为主要形式，助推教研、教学、教师的发展。一般来说，"大备课"评价是这样实施的：先由教师就一篇课文（或一个单元）陈述自己的教学思考和教学设计，再由教材主编和省、市级教研员结合课程标准和教材编写意图对教师的思考和设计进行评价和辅导，而后教师根据专家的辅导和建议修正教学方案，再通过教学实践的检验改进教案。在评价的过程中，教师的目标意识会不断增强，对课程标准、教材的认识水平会不断提升，对教学内容和教学方法的选择也会更适切。

4．"大备课"项目化的实施反馈

交流、分享、互动是"大备课"实施的基本形式。其路径可以表述为教师代表陈述—教师提问与讨论—专家评点与建议—教师问询与交流。这样的实施与反馈机制更加注重教师与专家、教师与教师之间的交流和碰撞，更加注重教师的参与面和参与度，更加注重教师在交流中对于课程的认识和理解；不仅能使教师群体对课程有基本的、较为全面的认识和理解，为教师进行有效的课程管理和教学实践奠定较好的基础，而且能够及时汇总各方观点和建议，促进教师思考与实践。同时，这样的实施与反馈机制能使教师之间、教师与专家之间的教研协同关系更加融洽，也能促进"大备课"项目本身的实施和推进。

第三节　"大备课"背景下的乡村学校课堂镜像

示例1：《23　带刺的朋友》课堂实录
苏州市吴中区越溪实验小学　俞霞芳

板块一：回顾，梳理结构，趣入课文

师：同学们，这节课我们继续学习第23课——

生：（齐读）《带刺的朋友》。

师：还记得课文主要向我们介绍了什么事情吗？

生：主要介绍了一只小刺猬偷枣的故事。（师板书：偷枣）

师：如果把刺猬偷枣拍成动画片，你会拍哪几个镜头呢？

生：小刺猬爬上树，用力摇晃树枝，把红枣运回家。

师：我听出来了，你想拍成三个镜头。先是——，然后是——，最后是——。

生：（齐说）爬树——摇树——运枣——（师板书）

师：这些镜头中的小刺猬给你留下了什么印象呢？

生1：它很可爱、有趣。

生2：它偷枣本事高明。

师：那接下来，我们就透过这三个镜头具体看看，小刺猬有趣、偷枣本事高明表现在哪儿。默读课文，想想小刺猬是怎么爬树、摇树和运枣的，画出相关的句子。

板块二：品读，建构支架，学习表达

师：小刺猬是怎么爬树的？你找到了哪些句子？

生1："我刚走到后院的枣树旁边，忽然看见一个圆乎乎的东西，正缓慢地往树上爬……"

生2："那个东西一定没有发现我在监视它，仍旧诡秘地爬向老树杈，又爬向伸出的枝条……"

（师出示以上两句）

师：谁能抓住关键词语来说说那个东西是怎么爬树的？

生：它先缓慢地爬，然后诡秘地爬。

师：缓慢地爬是爬得——很慢。

师：那诡秘地爬又是怎样地爬呢？（师板书：缓慢、诡秘）

生1：我觉得应该是鬼鬼祟祟地爬。

生2：我觉得它是偷偷地爬。

师：那个东西爬树有趣吗？"诡秘"一词用得真生动。谁来读好这句话？

生：（齐说）有趣！（读句子）

师：同学们，我们观察了那个东西爬树的样子，再看看它爬树的位置有变化吗？

生：它一开始先往树上爬，然后爬向老树杈，接着又爬向伸出的枝条。

师：同学们，发现了吗？爬树位置不同，但它——越爬越高。

师：还可以从哪里看出那个东西越爬越高，一直在爬？

生：省略号。

师：让我们一边想象那个东西爬树的样子，一边来读好句子吧！

（生齐读）

师：学到这儿，你能不能用自己的话来讲讲那个东西爬树这部分内容呢？（出示提示，见图2-11）

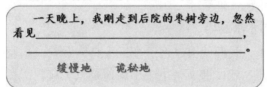

图2-11 提示内容1

（生练习讲述）

师：你把那个东西爬树的位置讲清楚了，把爬树的内容讲完整了，而且还用"缓慢""诡秘"把爬树的这段内容讲生动了。谁再来讲一讲？（贴板贴：讲清楚、讲完整、讲生动）

（生讲述）

板块三：品读，建构支架，练习表达

师：同学们，那东西就是这样爬呀爬呀。终于，挂满红枣的树杈慢慢弯了下来。此时，它又是怎么摇树的呢？谁来找找句子？

生："后来，那个东西停住了脚，兴许是在用力摇晃吧，树枝哗哗作响，红枣噼里啪啦地落了一地。"

师：抓住关键词说说，它是怎么摇树的？

生：我找到了"用力摇晃"。

师：你找到了它的动作，从哪里读出那个东西在用力地摇树的？

生："树枝哗哗作响"。这就说明那个东西在用力摇晃。

师："哗哗"声越响，说明那个东西越用力。还可以从哪里看出？

生：从"红枣噼里啪啦地落了一地"可以看出那个东西在用力摇树。

师：同学们，这两个表示声音的拟声词让我们仿佛看到了那个东西摇树的情景，听到了枣子落地的声音。那这句话该怎么读好呢？

（生读。师板书：哗哗、噼里啪啦）

师：你把这两个拟声词读得很响亮。大家一起来读一读。

（生齐读）

师：那个东西为什么要这么用力地摇树呢？谁来猜猜看？

生：它想要吃枣子。枣子越多越好。

生：它要用这些枣子过冬。

师：你看这个办法好不好？觉得它怎样？

生：时间很短，枣子落得很多，它真聪明。

师："我还没弄清楚是怎么回事，树上那个家伙就噗的一声掉了下来。"这个"噗"又是个拟声词，你读出了什么？

生：它往树上爬的时候摔了下来，而且摔得很重。

师：同学们，你们猜猜这个家伙是故意掉下来的，还是没站稳不小心掉下来的？

生1：我觉得它是故意掉下来的，这样才能吃到枣子。

生2：我觉得它是不小心掉下来的，因为它太用力了。

师：到底是故意的，还是不小心掉下来的，老师也不知道，只有那个家伙自己知道了。（学生笑）同学们能不能用自己的话来讲讲那个家伙用力摇树的这部分内容呢？（出示提示，见图 2-12）

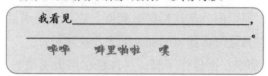

图2-12　提示内容2

师：请你讲给大家听。

（生讲述）

师：同桌来评一评，她讲得怎么样。

生：我觉得她把摇树部分讲得很清楚、很完整，用了拟声词，讲得也很生动。

板块四：品读，建构支架，自主表达

师：那个家伙是怎么把枣子运回家的呢？赶快找找相关的句子。

（生读句子）

师：关于刺猬运枣，作者写的语句最多。再读读这段话。写得最多的是刺猬的什么？

生：刺猬运枣时候的动作。

师：赶快拿出笔，在这段话中圈出动词，看看你能圈出几个。

师：谁来交流一下，你圈到了哪些动词？

生1：我圈到了"爬""滚""驮""跑"。

师：你圈到了四个动词，还有吗？

生2：我还圈到了"归拢""扎""长"。

师：这个"长"还套了个引号呢！接下来，老师请刚刚这两位同学把找到的动词按运枣顺序排在黑板上。

师：他们有商有量，合作学习。同学们看，他们有没有按顺序排对？

生：排对了！

师：这一连串的动作让你感受到了什么？

生：我觉得那个东西跑得很急。

师：你从哪儿读出它的急的？

生：我从"匆匆""急火火"这些词语中感受到那个东西很急切。

生：我感受到那个东西很聪明。它会把枣子归拢到一起，还会打滚。

生：逐个归拢，这样只需打一个滚，迅速，一气呵成。

生：用刺扎枣，全都扎在背上。

师：哪儿读到全都扎背上了？

生："立刻，它的身子'长'大了一圈。"因为扎满枣子，身子看上去大了一圈。

师：所以，这个"长"才加上了引号。小刺猬利用自己的身体优势，用满背的刺来扎枣、运枣，跑得还那样快，用聪明来形容它已经不够了，有没有更妥帖的？

生：可以是"高明"。

师：小刺猬偷枣的本事真高明啊！同学们看，这段话就写了小刺猬的一件事——

生：（齐说）运枣。

师：作者用了这么多动词，用得多准确、多生动啊！一连串的动词让我们感觉到小刺猬偷枣的动作是一气呵成的，它偷枣的本事真高明。

师：读到这里，你能不能用自己的话讲一讲小刺猬运枣的这部分内容呢？（出示提示，见图 2-13）

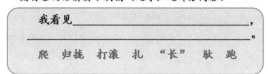

图 2-13　提示内容 3

（生练习讲述）

师：他讲得怎么样？谁来评一评？

生：我觉得他把小刺猬的动作讲得很清楚，而且讲得很完整、很生动。

师：学到这里，我们再来看看这三个镜头，你发现了什么？

生：我发现三个镜头中写得最多的都是刺猬的动作。

师：成串的动词连续地使用，让我们感受到了小刺猬偷枣的高明，也让我们看到了小刺猬——

生：（齐说）爬树—摇树—运枣的画面。

师：暗中偷偷观察小刺猬的"我"，此时发出了怎样的感叹呢？

生：（齐读）"我暗暗钦佩：聪明的小东西，偷枣的本事可真高明啊！"

师：学到这里，同学们能不能用自己的话讲讲刺猬偷枣的过程？可以借助板书，用上这些表示先后顺序的词。（出示提示，见图2-14）

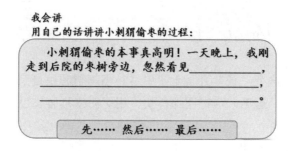

图2-14　提示内容4

（生讲述、生评价）

板块五：回顾，体会情感，表达情趣

师：同学们，课文除了写刺猬外，还写到了谁啊？

生：（齐说）"我"。

师：请再次回到课文中，找找文中描写"我"的心理活动的语句。

生1："我暗暗钦佩：聪明的小东西，偷枣的本事可真高明啊！"

生2："'是猫，还是别的什么？'我暗暗地猜测着。"

生3："我恍然大悟：这不是刺猬吗？"

生4："好奇心驱使我蹑手蹑脚地追到水沟眼儿，弯腰望去，水沟眼儿里黑洞洞的，小刺猬已经没了踪影。"

生5："我非常惊讶，赶忙贴到墙根，注视着它的一举一动。"

（出示以上几句）

师：同学们看，"我"一开始——，接下来——

生：（齐说）非常惊讶，暗暗猜测，恍然大悟，暗暗钦佩。

师："我"为什么会有这样的变化？

生：因为作者一直在观察小刺猬，觉得它偷枣很高明，所以很钦佩它。

师：我听出来了。文中"我"的心理是随着小刺猬偷枣的过程变化的。"我"的心理也能反映小刺猬偷枣本事很高明。而且有了这些描写，我们读着仿佛跟着作者一起在观察，身临其境！

师："我"的心理在变化，感情其实也在变化，有没有发现？找找"我"对小刺猬的称呼。

生1："我"称小刺猬"那个东西"。

生2："那个家伙"。

生3："聪明的小东西"。

师：还称它为——

生：（齐说）"带刺的朋友"。

师：从这些称呼中，你感受到了什么？

生：我感受到这个小刺猬非常有趣，它偷枣的本事很高明，作者非常喜爱它。

师：原来作者是带着浓浓的喜爱之情来写课文的，所以我们的课文读上去很有情感、很有趣味。同学们，我们在讲刺猬偷枣的过程时，也要带着这种感情，这样你就能讲得更生动了。

板块六：拓展阅读，延伸乐趣

师：这篇课文的作者是宗介华先生。他的原文《带刺的朋友》中，不仅写了刺猬偷枣，还写了小刺猬一家其他的许多故事。课后同学们可以读一读，对生动的地方也可以圈圈画画！另外，可以把上课学习的刺猬偷枣的过程完整、生动地讲给爸爸妈妈听。

（有改动）

《23 带刺的朋友》课堂实录点评

夏 静

观赏了《23 带刺的朋友》现场教学，深切地感受到俞霞芳老师是一位优秀的实践者，是一位有勇气的探索者，也是一位有新课程改革教育思想和实践理念的攀登者。细品教学过程，以下三方面的印象尤为深刻。

其一，体现了教材的特点。

部编版小学语文教材以"双线组元"的形式编排，有鲜明、渐进的语文要素。《带刺的朋友》是三年级上册第七单元的第三篇精读课文。本单元围绕人文主题，聚焦"生动表达"这一鲜明的语文要素。第一篇课文《大自然的声音》主要让学生在比喻句、拟人句等句子的学习中感受表达的生动性。第二篇课文《父亲、树林和鸟》主要通过富有画面感的词句和修饰语连用的语言，让学生体会表达的生动性。在《带刺的朋友》这篇课文的教学中，俞老师把教学重点落在感悟并尝试进行生动表达上。在教学中，她借助文本，关注语言本身，不断引导学生通过形象的语言，如：表示情状的词语"缓慢""诡秘"，拟声词"哗哗""噼里啪啦"，表示连续的动作的词语"爬""归拢""滚"等，体会表达的生动性，继而鼓励学生通过复述的方式学习生动表达。这样的教学定位呈现出单元编排的整体性理念和单元教学的渐进性特点，很好地体现了本文的单元地位，展现了其教学价值。可见，俞老师对教材的编写理念和教材的编排特点有较为到位的认识和把握。

其二，展现了体验的过程。

指导学生通过复述的形式学习生动的表达是本课教学的重点所在。在教学中，俞老师能够以学生的学习经验为基础，设置恰当的支架，支撑学生经历三个层次的学习，使学生在参与中感悟，在尝试中体验，在实践中成长。在第一层次，俞老师重点指导学生关注刺猬爬树时的状态和位置，引导学生通过"缓慢""诡秘"和句中的省略号想象、体会刺猬爬树时的小心翼翼和鬼鬼祟祟，以富有情趣的课文语言激发学生表达的欲望。在指导学生复述时，提示学生用上"缓慢""诡秘"等词，把内容讲清楚、讲完整、讲生动，使学生在练习和点评中对于怎样复述有了初步的认知和体验。在第二层次，俞老师以半扶半放的姿态，引导学生关注文中的拟声词，关注表现连续动作时动词成串使用的表述，提醒学生将这些糅合在自己的复述中，进行生动、形象的表达。在第三层次，俞老师在前期指导三段内容复述的基础上重点指导学生用"先……然后……最后……"进行完整而有条理的复述。三个层次既实现了复述要求下教学由扶到放的迁移，又体现了学习过程中一定难度的有序叠加。这个学习的过程，以任务为驱动，是学生不断参与、不断挑战、不断体验的过程，也是学习真正发生、学生真正成长的过程。

其三，建构了认知的框架。

全览本课教学过程，俞老师围绕教学目标，至少带领学生在课文中走了三个来回，帮助学生初步建构了学习这一类文本的基本图式。在第一个来回中，俞老师以给小刺猬偷枣拍镜头的方式，帮助学生梳理了文本的结构。在第二个来回中，俞老师主要围绕复述任务，使学生在围绕"刺猬偷枣"这一事件讲清楚、讲完整、讲生动的过程中，渐次感受刺猬的有趣、聪明和高明，在阅读和复述的过程中体悟到其中的情趣。在第三个来回中，俞老师从文本"观察者"的视角，引导学生关注"我"对刺猬的不同称呼，从中体会"我"的情感变化，揭示了本文暗含的一条情感线索。三个来回就是教学的三个回环，呈现了一类文本学习的基本方式；三个来回，就是教学循序渐进、不断深入、螺旋上升的过程；三个来回，也是认知框架建构的过程，呈现了学习由象到意的基本路径。

俞霞芳老师的教学是一次基于部编版教材编写理念的有意义的实践，是一次有价值的体验和建构。

（有改动）

示例2：《18　慈母情深》课堂实录

苏州市吴中区越溪实验小学　李菊英

板块一：复习回顾，导入课文

师：自古以来，对母亲的歌颂是一个永恒的主题。今天就让我们继续学习著名作家梁晓声先生的散文——

生：《慈母情深》。

师：课文围绕慈母情深主要给我们展现了哪几个场景呢？还记得吗？

生：母亲的工作环境、母亲工作的场景和母亲给钱的场景。

师：看来上节课，你学得非常认真。课文先写了母亲的工作环境，再写了母亲工作的场景，然后又写了……（板书）那今天这节课，我们就来学着品味这些场景，体会其中蕴含的情感。

师：我们已经知道，作者一直想买一本——

生：《青年近卫军》。

师：想得整天——

生：失魂落魄。

师：于是就来到了母亲工作的工厂，那是——

生："我第一次到母亲为我们挣钱的那个地方"。

师："母亲为我们挣钱的那个地方"，环境是怎样的呢？请同学们默读课

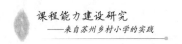

文第7—9自然段,圈画关键词句,好好体会体会,在旁边写写批注,开始。

板块二:品"工作环境"场景,关注写法,体会情感

师:已经有同学用坐姿告诉老师,他已经学习好了。现在我们来交流。母亲工作的环境是怎样的?

生:是"非常低矮"的。

师:甚至低矮得让人感到——

生:"压抑"。

师:还是怎样的?

生:"四壁潮湿颓败"。

师:你找到了这个词。还是怎样的?

生:十分闷热。

师:从哪里看出来的?

生:是从"正是酷暑炎夏,窗不能开,七八十个女人的身体和七八十只灯泡所散发的热量,使我感到犹如身在蒸笼"。

师:特别是哪个词,最能让你感受到闷热?

生:"蒸笼"。

师:"犹如身在蒸笼"。一个比喻形象生动地写出了工厂的闷热。还有吗?还是怎样的?

生:还是"不足二百平米的厂房"。

师:非常狭小。还有吗?

生:我从"七八十台破缝纫机发出的噪声震耳欲聋"里感受到母亲工作的地方环境不好。

师:噪声非常大。

生:还有"因为光线阴暗",她们的眼睛可能会看不见。

师:同学们,这些都是你们捕捉到的语句。看看这些语句,其实它们都是在描写母亲工作环境的一个一个的细节。(板书:细节)那读读这些细节,你还能感受到什么呢?谁来给大家读读?你来。

生:低矮,压抑,不足二百平米,潮湿颓败,光线阴暗,犹如身在蒸笼,噪声震耳欲聋。

生:我感受到母亲工作的环境非常恶劣。

师:这个词用得好。老师把你说的这个词写在黑板上。(板书:恶劣)

师:那同学们,我们一起来读读这些描写环境的细节。一边读一边想象,

努力在脑海中形成画面，听明白了吗？低矮，齐——

生：低矮，压抑，不足二平米……

师：不足二百平米。看准了，来。

生：不足二百平米，潮湿颓败，光线阴暗，犹如身在蒸笼，噪声震耳欲聋。

师：好的，一个个细节描写让我们感受到了母亲工作的环境是怎样的。那同学们再来读读这几段话。这部分内容，它有一个特别的地方，你们发现了吗？看看，有没有一个词，很多次跳入你的眼帘？你说。

生：叠词。

师：再看看？

生：七八十个。

师：这可不是叠词。连续出现了五个"七八十"，是不是作者重复啰唆了呀？能不能去掉？为什么呢？自己读读这些带"七八十"的句子，体会体会这样写有什么好处。自己读，读出声音来。

生：可以体会到母亲工作的环境十分恶劣。

师：作者刻意让"七八十"重复出现，原来是为了强调母亲工作环境之恶劣呢。这就是反复手法的独特的表达效果。（板书：反复）让我们来读读这部分内容，感受一下这个表达的效果。

生："空间非常低矮，低矮得使人感到压抑。……七八十台破缝纫机发出的噪声震耳欲聋。"

师：母亲的工作环境这个场景给我们留下了深刻的印象。同学们，我们读书的时候，遇到印象深刻的场景，就要去细细品味。那刚才我们是怎么来品读的啊？你来说。

生：我们抓住了几个关键的词语。然后总结了一下作者在这几段中用了什么写作手法。

师：听明白他说的意思了吗？其实，也就是说，我们去关注了一些——细节描写，还关注了像反复这样独特的表达，从而品味了这个场景。

师：那同学们，接下来，我们就用这样的方法，来学习另外两个场景。默读课文10—32自然段，边读边想象，哪些地方让你感受到了慈母情深？注意，抓住细节，关注反复，圈画关键词句，在旁边写写感受。听明白了吗？好，开始。

板块三：迁移学法，品另外两个场景，感受情感

师：现在我们来交流。轻轻放下笔。

师：我们先来看"母亲工作"的这个场景。你找到了哪个句子？来读给大家听一听，说说体会。

生：我找到了"我穿过一排排缝纫机，走到那个角落，看见一个极其瘦弱的脊背弯曲着，头凑到缝纫机板上"这句话。

师：你关注到哪个细节了吗？

生：我关注到了"极其瘦弱的脊背弯曲着"和"头凑到缝纫机板上"。我觉得这可以写出母亲为我们挣钱的不容易。

师：具体说说看。

生：如果是极其瘦弱的话，肯定是因为平常劳动干多了。

师：操劳过度，才会怎么样？极其瘦弱。还有同学想抓关键词说说吗？你来。

生："头凑到缝纫机板上"写出了母亲非常劳累。

师：因为光线的阴暗，母亲工作必须要怎么样？头凑到缝纫机板上。长期这样工作，脊背就会怎么样？弯曲。你看，这里的一个外貌、两个动作的细节，描写出了母亲挣钱的不容易，工作多么的辛苦。

师：那谁来读好这句话，带着你的感受来读。

生："我穿过一排排缝纫机，走到那个角落，看见一个极其瘦弱的脊背弯曲着，头凑到缝纫机板上。"

师：这句话让老师有点心疼了。我们一起来读。

师：在母亲工作的这个场景中，你还从哪里体会到母亲工作很辛苦呢？

生：我找到了"背直起来了"这段话。

师：你要把它读完，读完整。

生："背直起来了……我的母亲的眼睛……"

生：我从"一对眼神疲惫的眼睛吃惊地望着我"中的"眼神疲惫"这个词能读出母亲工作很辛苦。

师：一个眼神，这样一个细节，透露出了母亲的疲惫和辛苦。还有吗？关注细节，关注反复。

生：我从三个"我的母亲"看出了"我"很心疼母亲。

师：你真会感悟，三个"我的母亲"又是运用了反复的手法。好的，请坐。同学们，这里除了一个反复的表达，还有一个独特的表达，你们发现了吗？自己读读看。

师：找到了吗？你说。

生：我从那个省略号看出，母亲身上还有很多让人感到疲惫的东西。

师：有可能她还有很多让我们感到疲惫的细节，对吗？好的，你关注到了省略号呢。同学们，再看看这个句子。我们平常是这样表达的吗？一般是怎么样表达的？

生：一般是"我的母亲，背直起来了"。作者用了倒装句。

师：你的语感真好。同学们，现在老师把这段话中的句子调换顺序，去掉"两个母亲"，变成这样，意思不变，对不对？你们读读看，作者这样的表达，好在哪里？先读这句，再读作者的。

生："我的母亲，背直起来了……吃惊地望着我。"

师：再读读作者写的。感受感受，好在哪里？起。

生："背直起来了，我的母亲。……我的母亲的眼睛……"

师：好在哪里呢？你来说。

生：作者这样写，强调了母亲工作的辛苦。

师：哇，你真厉害。那你跟大家说说，你到底是从哪些地方看出来的。你说是强调，作者哪里强调了？

生：作者用了三个"我的母亲"，反复强调。

师：哦，是的，还有吗？我们知道，位置不同，强调的内容也不同。那同学们看看这段话，作者要强调的是什么？

师：他要强调的是"背直起来了""转过身来了""一对"——

生："眼神疲惫的眼睛吃惊地望着我"。

师：对啊，他要强调的是这几个特写的镜头，是吗？那这些特写镜头当中，你感受到的是？

生：母亲的工作辛苦。

师：对呀，那看到这样辛苦工作的母亲，"我"的反应是怎样的？

生：作者很心疼。

生：非常感激，非常感激他的母亲，还有崇敬之情。

师：你读得更深入了。其实，他看见母亲这样工作，肯定非常吃惊。对吗？

师：同学们，我们来带着这种感受，读读看。谁来读？你来。

生："背直起来了，我的母亲。转过身来了，我的母亲。"

师：可以再慢点。

生："背直起来了……我的母亲的眼睛……"

师：读得真好。倒装的语序，反复的表达，不仅写出了母亲工作的辛苦，也表达出了"我"看到母亲工作时的震惊。"我"真没想到，母亲是在如此辛苦地挣钱呢。让我们再来读读这段话。"背直起来了"，起。

生："背直起来了……我的母亲的眼睛……"

师：同学们，文中还有一处这样的表达，你们找到了吗？读读看。你还能体会到什么呢？谁来给大家读一读？你来。

生："母亲说完，立刻又坐了下去，立刻又弯曲了背……立刻又陷入手脚并用的机械忙碌状态……"

师：读得真有感情。那把你的这份情感与大家交流交流，你感受到了什么？

生：我感觉"立刻又陷入手脚并用的机械忙碌状态"可以体现出母亲不知疲倦，一直在为我们赚钱。

师：这里你关注到了一个反复的手法吗？

生：这边用了四个"立刻"。我感受到母亲工作特别辛苦。

师：反复的手法再次强调了母亲工作的不容易。一起读。

生："母亲说完，立刻又坐了下去，立刻又弯曲了背……立刻又陷入手脚并用的机械忙碌状态……"

师：同学们，刚才我们又再次运用捕捉细节、关注反复的方法品读了母亲工作的这个场景，感受到了母亲工作之辛劳，工作非常不容易。慈母之情也流淌在这一个一个的细节中。那再来看看，母亲给钱这个场景中，你又关注了哪些语句，关注了哪些细节或者独特的表达呢？谁来读读你画的句子？

生："母亲掏衣兜，掏出一卷揉得皱皱的毛票，用龟（guī）裂的手指……"

师：龟（jūn）。

生："龟裂的手指数着"。

师：再读一遍，用——

生："用龟裂的手指数着"。

师：这回读正确了。你关注了哪些细节？

生：我关注到了"揉得皱皱的毛票"，还有"用龟裂的手指数着"。

师：还有细节吗？

生：我是从"毛票"和"龟裂"这两个词语体会到母亲工作十分辛苦的。她的手已经龟裂了，而且，她的毛票已经被揉得皱皱的了。

师："龟裂的手指"，一个外貌细节给你留下了特别深刻的印象，感受到了母亲工作的辛劳。还有吗？

生：我从"用龟裂的手指数着"中的"数着"感受到母亲挣钱不容易。

师：同学们，看看这个"掏"，看看这个"数"，一张一张数着。这个钱是怎么样出来的？

师：同学们，从两个"掏"、一个"数"，你能体会到什么呢？钱掏出来，数。

生：我能体会到母亲挣钱不易。

师：钱是来之不易的，所以母亲对这些钱——

生：不舍得。

师：嗯，藏得那么好，还小心地数，她多珍惜这些钱啊。你们看，这两个细节，细细品味，能够品到文字背后的内容呢。你们还捕捉到了哪个细节呢？一卷揉得皱皱的毛票，你们关注到了吗？刚才有个女孩子关注到了。你来说。

生："揉得皱皱的毛票"说明母亲以前一直数这个毛票，很珍惜。而且毛票是很小的，很小的份额……

师：是面额很小的钱。

生：而且她掏出的一卷都不是大面额，说明挣钱很不容易。

师：是啊，看，只有小面额的钱，可以看出——

生：可以看出家里十分穷。但是作者很想要那本《青年近卫军》，母亲就把钱给他了。可以看出母亲对儿子十分关爱。

师：同学们看，刚才我们关注到了这些细节。动作加外貌的细节描写，细致刻画出了家庭生活的贫困、母亲工作的辛劳，也让我们感受到了母亲的深情。同学们都说得非常好。谁能来读读这句话？你来。

生："母亲掏衣兜，掏出一卷揉得皱皱的毛票，用龟裂的手指数着。"

师：母亲的钱得来不容易，但是在"我"向她要钱买书的时候，而且一要就是一元五角的时候，她却——

生："已将钱塞在我手里了。"

师："大声回答那个女人"——

生："谁叫我们是当妈的呀！我挺高兴他爱看书的！"

师：同学们，将这些细节对比着读读。看看，钱小心地放，小心地数，毛票，塞，母亲的话。你对比着来读读看，感受到了什么？

生：这个对比，更能反映出慈母情深。

师：具体说说。

生：母亲对钱是很珍惜的，可是看到"我"喜欢看书，就将钱塞在"我"手心里了。

师：谁还想说说吗？

生：我觉得母亲很疼爱作者。虽然钱很珍贵，但是作者想看书，所以母亲还是给了他钱。

师：非常支持他读书。同学们，你们看，母亲塞钱的时候塞得——

生：我觉得母亲塞钱塞得很果断。

师：塞得很果断，塞得毫不犹豫，塞得很爽快，是不是？（板书：爽快）所以，这些细节形成鲜明的对比，让我们感受到了母亲哪怕再穷，哪怕再苦，也要供"我"读书。这就是无私的母爱啊！让我们一起再来读读这句话。

生："母亲却已将钱塞在我手里了……"

板块四：学习结尾部分，体会母子情深

师：同学们，《慈母情深》这篇课文是一篇散文。散文是要表达作者的情感体验的。那作者是怎么把他的这份情感描写出来的呢？你来回答。

生：作者用了很多细节，还用了反复强调，来表现母亲的辛苦。

师：这份辛苦，这份慈母情深，就流淌在这些细节中，这些特别的表达中。同学们，作者因为要钱买书，所以就来到了母亲的工厂。他第一次来到母亲的工厂，目睹母亲——

生：工作环境恶劣。

师：目睹——

生：母亲辛苦。

师：目睹母亲给钱时的——

生：爽快。

师：此时，他的内心是怎样的感受？他又是怎么做的呢？请同学们读读课文的最后部分。请你们抓住细节来体会体会。找到了吗？你们关注到了哪个细节？

生：我找到了。"那一天我第一次发现，母亲原来是那么瘦小！……应该是一个大人了。"我觉得作者对母亲非常心疼，还有惭愧。

师：好的。他没想到母亲是那么的瘦弱。这传达出的是作者的那份——（板书：惭愧）所以"我鼻子一酸，攥着钱跑了出去……"。这位同学关注到了他的心理，他的内心感受这个方面的细节。那么看看，作者是怎么做的呢？你关注到了哪个细节？

生：作者用母亲给他的一元五角买了一听水果罐头，然后给母亲，但是母亲不舍得。我体会到作者非常心疼母亲。

生：他觉得很惭愧。

师：还有吗？他买水果罐头的行为其实传达出的是？

生：对母亲的感激。

师：感恩、感激，是吗？非常好。（板书：感恩）

师：在看到母亲工作的场景以后，从一开始的懵懂无知到现在的愧疚心疼和感恩，这其实是作者的一个成长的过程啊！所以，同学们，慈母情深，深的仅仅是慈母情吗？还有？

生：亲情。

生：感恩母亲。

师：儿子也爱母亲。母亲爱儿子，儿子孝顺母亲，真是母慈子孝。所以，我们的单元扉页上这样说——

生："舐犊之情，流淌在血液里的爱和温暖。"

板块五：拓展延伸，升华主旨

师：多么让人感动的情啊！作家梁晓声，他有一个辛酸的童年，但是他有一份深沉的母爱。正是这份美好的感情，一直激励着他，也成就了他。2017年梁晓声参加第九期《朗读者》节目的时候，也对儿童时的这段回忆进行了阐述。有兴趣的同学可以去看看。看过之后你一定会对他的这段经历、对他的这份情感有更深的感悟。视频很长，李老师截取了他朗诵的一段。（播放视频）

师：同学们，课就上到这。大家回去可以找视频来看看，听听他的采访，听听他的朗读。同学们再见。

生：老师再见。

《18　慈母情深》课堂实录点评

惠　兰

苏州市吴中区越溪实验小学的李菊英老师是一名优秀的一线语文教师。我有幸走进她的课堂，徜徉在她饱含情韵的《18　慈母情深》课堂教学中，真切感受到了基层小学语文教师对部编版小学语文教材的认识、理解与实践，朴素却扎实。

一、"要素"意识观照教学

如果要举证部编版教材最典型鲜明的特征,"以语文要素为主线来建构语文知识与能力发展体系"一定是最为集中的。《慈母情深》所在的部编版教材五年级上册第六单元的语文要素为体会作者描写的场景、细节中蕴含的感情,落实在该篇教材中,具体指向边读边想象描写的场景、细节,体会字里行间蕴含的母爱。综观全课,无论是李菊英老师的"教",还是学生的"学",都紧紧围绕主线开展:品读场景、关注写法、体会情感。尤为可贵的是,李菊英老师在关注与落实语文要素的过程中,依据《慈母情深》的教材资源,抓住场景中的环境描写、神情动作等细节和表达中的反复与倒装等更为具体的方式,使得语文要素在教材中落地,在课堂中落地。

二、"实践"活动贯穿全程

教材的语文要素只有转化成学生的语文能力,才能实现其真正的价值。而实现"转化"的路径一定是语文实践。这样的语文实践是基于教材资源的系统思考与建构,是基于"学为中心"的整体设计与实施。李菊英老师高度关注教材课后习题,把它们作为转化语文要素的有效载体,从"工作环境"场景的"范式"实践到"母亲工作""母亲给钱"场景的"迁移"实践,设计了有一定意义的语文学习活动,引导学生积极参与阅读、想象、思考、表达、梳理等语文实践活动,在教材与教学营造的真实具体情境中建构起对"场景"、对"细节"、对独特表达效果、对"情感"等的理解与体会,使学生经历了从"导学"到"自学"的过程。

三、"感悟"历程由浅至深

《慈母情深》文字隽永,情意深沉,感人至深。李菊英老师在整个教学过程中,始终保持"情在场""言在场",力求打通教材与学生"在场"的通道。学生的语文学习活动始终围绕"感悟"展开,感"场景"的"镜头感",感"细节"的"刻骨铭心",悟"表达"的独特效果,悟"慈母情深"的"双向内涵"……学生在学习过程中体验不断深入,体会不断深刻,激荡起强烈的情感共鸣。

上海师范大学郑桂华教授认为,语文关键能力是各种语文知识学习、技能训练和语言实践活动在主体内部自主建构的结果。"自主建构"是一个永恒而深刻的命题,需要我们全体小学语文教师的深入思考与智慧实践。

(有改动)

示例3:《三 小数的意义和性质》课堂实录

苏州市吴中区越溪实验小学 朱春明

由于小数在生活中有广泛的应用,学生在正式学习小数之前已有了丰富的购物、测量等生活经验。在三年级学生学习《八 小数的初步认识》时,教师可以从学生的生活经验出发,让学生结合人民币、度量等情境学习读、写小数,说明小数的具体含义,再借助几何直观模型(图形表征)了解小数与十进分数的联系。那么,在五年级学生学习《三 小数的意义和性质》中的"小数的意义和读写法"时,教师该设计哪些活动,才能更好地凸显小数的本质意义呢?带着这样的思考,笔者在2020年苏州市青年教师优质课评比时执教了这节课,其间对有关"小数的意义和读写法"学习进行了深入的思考与实践反思。

一、初次教学

(一)深化认识,构建一位小数的意义

提问:同学们请看,这是一把米尺。把1米平均分成10份,这样的1份就是1分米,1分米是几分之几米,写成小数是多少米呢?你是怎样想的?2分米可以怎样表示?7分米呢?

回顾:同学们,类似0.1、0.2、0.7的小数部分只有一位的小数叫作一位小数。(板书:一位小数)其实三年级下学期我们已经认识了小数。我们通过测量课桌的长和宽认识了小数。我们根据元、角、分的关系认识了小数。今天我们还要认识小数。你有什么疑问吗?今天就让我们带着这些问题来进一步研究小数吧。(板书:小数的意义)

提问:如果把这个正方形看作整数"1",你能在正方形上表示0.1吗?

学生明确:把这个正方形平均分成10份,涂这样的一份。

指出:不管是米尺还是正方形,只要把它平均分成10份,这样的1份就是0.1。

出示:你能在正方形上表示出0.2、0.7吗?

学生明确:把正方形平均分成10份,这样的2份就是0.2,这样的7份就是0.7。

反思:找这些小数的过程有什么相同的地方?你能说说一位小数表示怎样的分数吗?

（二）引导探究，认识两位小数

提问：除了一位小数，生活中还有许多小数。课前我们已经找到了一些小数。我们一起来看一看、读一读。这些小数你能分分类吗？

学生明确：按小数的位数可把小数分为两位小数、三位小数。

引导：我们把 1 米平均分成 10 份，找到了一位小数，那你准备怎样找两位小数呢？把你思考的过程用语言表达出来，并和同桌交流一下。

学生明确：把 1 米平均分成 100 份，这样的 1 份是 $\frac{1}{100}$ 米，也是 0.01 米。

提问：这个正方形表示整数 "1"，你能在正方形上表示出 0.01 吗？

学生明确：我们在米尺上找到了 0.01，在正方形上也找到了 0.01。找的物体不同，找的过程却有相同的地方，都是把一个物体平均分成 100 份。这样的 1 份还可以用分数 $\frac{1}{100}$ 表示，写成小数是 0.01。

出示导学单一（图 2-15）：继续找其他两位小数。接下来的研究活动请同学们自主进行，也可以同桌合作完成。同学们可以在导学单一上找一个刻度确定是几厘米，想一想用分数和小数表示各是多少米，然后把你找到的小数表达出来。可以说一说、画一画，你找的这个小数表示什么。

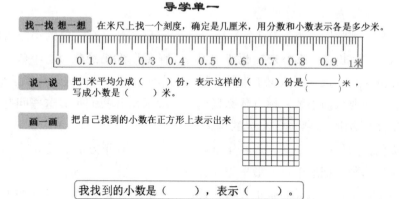

图 2-15　导学单一

明确：先找一个刻度确定多少厘米，再用分数和小数表示，用语言或图形表达。

小结：同学们，回顾我们刚才研究的过程，我们找到了这么多的两位小数，那找的过程有什么相同的地方？两位小数表示怎样的分数？

（三）自主探索，认识三位小数

引导：同学们，知识就这样慢慢地生长着。我们通过操作，把米尺分一分，然后思考用哪个小数表示，最后把操作、思考的过程用语言、图形表达出来，得到一位小数表示十分之几，两位小数表示百分之几。根据前面研究的经验，接下来我们可以怎样研究三位小数？

学生明确：可以通过操作、思考、表达三个过程来研究三位小数的意义。

提问：现在要把米尺平均分成——（生：1 000 份）为什么要平均分成 1 000 份？同学们自主研究，打开导学单二（图 2-16），先填一填，再把自己的想法和同桌说一说。

图 2-16　导学单二

思考：我们在米尺上、正方体上都找到了三位小数。找的过程有什么相同的地方？明确三位小数表示千分之几。

延伸：同学们，如果继续往下走，我们还可以研究几位小数？

明确：四位小数表示万分之几。

小结：今天我们研究的小数和分数有着密切的联系。一位小数表示十分之几，两位小数表示百分之几……这就是我们今天研究的小数的意义。

（四）巩固练习，延伸拓展

（1）用分数和小数表示涂色部分（图 2-17）。

① 都表示 7 份，为什么会用不同的小数表示呢？

② 我们在米尺上也找到了 0.7 米。那么在数轴上你能找到 0.7 吗？

③ 除了 0.7，我们还能找到 0.1、0.2……那 0.07 在哪里？你能上来指一指吗？

④ 在 0 到 0.1 之间，如果要精确地找到 0.07，该怎么办？

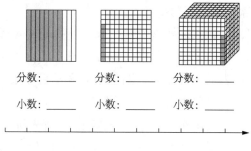

分数：＿＿＿＿　　分数：＿＿＿＿　　分数：＿＿＿＿

小数：＿＿＿＿　　小数：＿＿＿＿　　小数：＿＿＿＿

图 2-17　巩固练习

⑤ 如果要精确地找到 0.007，该怎么办？

小结：看来数轴上的点不仅能精确地表示一位小数，还能精确地表示两位小数、三位小数。

（2）看到 0.8、0.46（图 2-18），你联想到了什么？

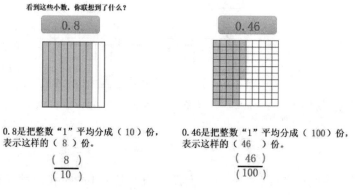

0.8 是把整数"1"平均分成（10）份，表示这样的（8）份。
$\frac{(8)}{(10)}$

0.46 是把整数"1"平均分成（100）份，表示这样的（46）份。
$\frac{(46)}{(100)}$

图 2-18　提示内容

教学 反思

在此之前，学生已经会读写一位小数。本节课让学生继续认识小数的意义和读写方法。

本课的教学注重过程，由浅至深，层层突破。小数的意义是较为抽象的。教师先通过复习回顾一位小数的相关知识，激活学生已有的学习经验，进一步明确分母是 10 的分数可以用一位小数表示，一位小数表示十分之几，同时让学生提出疑问，并带着问题去研究，为之后的探索活动打下知识和经验基础。随后，学生经历操作，分一分、找一找、想一想，用数学的语言说一说，逐步认识两位小数、三位小数。特别是在米尺上、图形上找到小数后，学生试着寻找相同点，这对学生理解小数的意义有极大帮助。在新知探索中，教师充分为学生提供操作、思考、表达、对比的机会，使抽象的小数概念变得直观而生动，有利于学生对小数建立丰富、多元的认识，更好地认识小数的意义。

存在的问题：

（1）对于为什么要从一位小数扩展到两位小数甚至三位小数，学生的认知冲突不够强烈，无法感知小数产生的必要性。从米尺上找小数，在正方形中涂色表示小数，整节课的这些内容都是教师扶着学生在学，学生主动参与学习的积极性不高。低阶思维的一问一答导致了课堂效率的下降。

（2）方法及经验的联系不够明显。学生经历操作、思考和表达三个程序：把米尺分一分，在米尺上找一找；再思考用小数怎样表示；最后把操作和思考的过程用语言或图形表达出来，积累活动经验。教师没有让学生充分参与操作的过程，只是用简单的看一看、想一想、填一填来替代操作。学生没有思考的空间，无法感知小数是不断累加计数单位而成的。

（3）对所有数的认识没有交代计数单位。一位小数、两位小数、三位小数都应该回到一个单位去认识。例如，对于若干个计数单位累加形成的两位小数，教师应让学生先认识0.01，再认识零点零几甚至零点几几。接下来是计数法则，满十进一。通过计数单位的累加来认识小数，在今天这节课中没有重点体现。

二、再次教学

（一）深化认识，构建一位小数的意义

出示数字8：这是整数8，加上单位后，可以表示很多数量。

出示提示1：如果表示长度，不满1米，8可以表示什么呢？

明确：8可以表示8分米、8厘米、8毫米。

出示提示2：如果表示价格，不满1元，8可以表示什么呢？

明确：8可以表示8角、8分。

出示提示3：如果表示重量，不满1千克，8可以表示什么呢？

明确：8可以表示8克。

提问：8分米是多少米？8角是多少元？同学们，请你选择其中的一个问题进行研究，可以借助直尺或正方形想一想、说一说，再把你的想法和同桌交流。

出示课件：把1米平均分成10份。1分米是$\frac{1}{10}$米，也是0.1米；8分米是$\frac{8}{10}$米，也是 0.8 米。把 1 元平均分成 10 份。1 角是$\frac{1}{10}$元，也是 0.1 元；8 角是$\frac{8}{10}$元，也是 0.8 元。

引导：我们在研究这两个问题的时候，研究方法上有什么相同的地方？

明确：都要把一个整体平均分成 10 份，1 份可以用$\frac{1}{10}$或 0.1 表示，8 份可以用$\frac{8}{10}$或 0.8 表示。

追问：你怎么想到把 1 米、1 元平均分成 10 份的？

明确：1 米等于 10 分米，1 元等于 10 角。

小结：同学们，把一个整体平均分成 10 份，这样的 1 份是$\frac{1}{10}$，也是 0.1，那么这样的 8 份是$\frac{8}{10}$，也是 0.8。（板书：0.1　$\frac{1}{10}$　0.8　$\frac{8}{10}$）

提问：请看，一根直尺、一个正方形、一条线段都能表示整数"1"。这样的 1 份都能用 0.1 表示吗？你是怎么想的？

明确：这样的 1 份，都可以用 0.1 表示，也可以用$\frac{1}{10}$表示。

追问：观察这些图形，你还能想到哪些小数和分数？（板书）

（个别学生交流，说说自己的想法）

小结：像这些小数，小数部分都是一位的小数叫作一位小数。（板书：一位小数）这些一位小数都表示什么意义？

明确：把整数"1"平均分成 10 份，这些一位小数表示这样的 1 份或几份。这些分数也表示十分之几，所以一位小数表示十分之几。

回顾：其实三年级下学期我们已经认识了小数。我们测量课桌的长和宽时认识了小数，又从物品的价格中认识了小数。今天我们还要研究小数，你有什么疑问吗？

（二）引导探究，认识两位小数

过渡：同学们，接下来我们继续研究。8 厘米是多少米？8 分是多少元？

出示导学单三（图 2-19）：请你选择其中的一个问题研究，先想一想，再分一分，最后写一写。

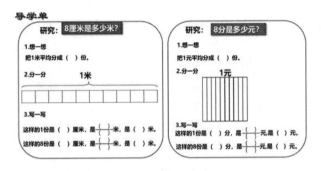

图 2-19 导学单三

交流：同桌交流一下。第一个问题谁来交流？

明确：把 1 米平均分成 100 份。这样的 1 份是 $\frac{1}{100}$ 米，也是 0.01 米。这样的 8 份是 $\frac{8}{100}$ 米，也是 0.08 米。

互动：同学们，你们有什么问题想问这位同学吗？

预设 1：怎么想到把 1 米平均分成 100 份的？（1 米等于 100 厘米）

预设 2：为什么把其中的 1 份再平均分成 10 份？（把 1 米先平均分成 10 份，再把其中的 1 份平均分成 10 份，就相当于把 1 米平均分成 100 份）

预设 3：为什么其中的 1 份是 0.01 米？（把 1 米平均分成 100 份，这样的 1 份是 $\frac{1}{100}$ 米，也是 0.01 米）

继续交流：第二个问题谁来交流？

明确：把 1 元平均分成 100 份。这样的 1 份是 $\frac{1}{100}$ 元，也是 0.01 元；这样的 8 份是 $\frac{8}{100}$ 元，也是 0.08 元。

思考：我们在研究这两个问题时，研究方法上有什么相同的地方？

明确：都要把一个整体平均分成 100 份。1 份都是 $\frac{1}{100}$、0.01，8 份都是 $\frac{8}{100}$、0.08。

小结：同学们，把一个整体平均分成 100 份，这样的 1 份是 $\frac{1}{100}$，也是 0.01。（板书：0.01 $\frac{1}{100}$）这个小数我们一起来读一读。那么这样的 8 份是

$\frac{8}{100}$，也是 0.08。（板书：0.08 $\frac{8}{100}$）这个小数我们也来读一读。小数部分的读法是从左往右依次读出每个数位上的数。

出示：14 厘米等于多少米？7 角 3 分等于多少元？这两个你会填吗？你是怎么想的？

个别学生交流，说说想法。（板书：0.14 $\frac{14}{100}$ 0.73 $\frac{73}{100}$）

提问：同学们，我们把一个正方形看作 整数"1"，平均分成 100 份，这样的 1 份是多少？这样的 10 份呢？现在呢？

明确：把整数"1"平均分成 100 份。这样的 1 份是 $\frac{1}{100}$，也是 0.01；这样的 10 份是 $\frac{10}{100}$，也是 0.10；这样的 22 份是 $\frac{22}{100}$，也是 0.22。

概括：像这些小数部分都是两位的小数叫作两位小数。这些两位小数都表示什么意义？

小结：这些两位小数和这些分数一样，都表示百分之几。

归纳：我们经历了用具体的事例来理解一位小数、两位小数的意义，通过想一想、分一分、说一说、比一比，发现了它们共同的地方。

（三）自主探索，认识三位小数

过渡：学了一位小数、两位小数，你一定会想到还有三位小数、四位小数……让我们继续研究，8 毫米是多少米？8 克是多少千克？请你选择其中的一个问题研究。先想一想，再填一填。

交流：第一个问题谁来交流？

明确：把 1 米平均分成 1 000 份，1 毫米 = $\frac{1}{1\,000}$ 米 = 0.001 米，8 毫米 = $\frac{8}{1\,000}$ 米 = 0.008 米。

继续交流：第二个问题谁来交流？

明确：把 1 千克平均分成 1 000 份，1 克 = $\frac{1}{1\,000}$ 千克 = 0.001 千克，8 克 = $\frac{8}{1\,000}$ 克 = 0.008 千克。

比较：我们在研究这两个问题时，研究方法上有什么相同的地方？

明确：都要把一个整体平均分成 1 000 份。这样的 1 份是 $\dfrac{1}{1\,000}$，也是 0.001；这样的 8 份是 $\dfrac{8}{1\,000}$，也是 0.008。

提问：14 毫米 = $\dfrac{(\quad)}{(\quad)}$ 米 = （　　）米，340 克 = $\dfrac{(\quad)}{(\quad)}$ 千克 = （　　）千克。这两个你会填吗？你是怎么想的？

概括：像这些小数部分都是三位的小数叫作三位小数。这些三位小数都表示什么意义？

明确：三位小数都表示千分之几。

回顾：把刚才研究的过程回顾一下。我们认识了一位小数、两位小数、三位小数，如果继续研究，还会研究四位小数、五位小数。那我们是怎样研究小数的？这些小数表示什么？

明确：分母是 10、100、1 000……的分数都可以用小数表示。一位小数表示十分之几，两位小数表示百分之几，三位小数表示千分之几……

小结：原来小数和这些分数紧紧地联系在一起。这就是我们今天学习的小数的意义。

（四）巩固练习，延伸拓展

现在就让我们带着对小数的认识，比一比谁学得最棒。

(1) 图 2-20 中的每个图形都表示整数"1"，请用合适的数表示阴影部分。

（　）
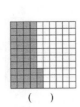
（　）
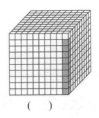
（　）

图 2-20　看图填数

(2) 填一填。

① 0.8 是把整数"1"平均分成 10 份，表示这样的（　　）份。

② 0.46 是把整数"1"平均分成（　　）份，表示这样的（　　）份。

③ 0.137 是把整数"1"平均分成（　　）份，表示这样的（　　）份。

(3) 今天，我们都是把整数"1"平均分成 10 份、100 份、1 000 份……

来认识小数的。

① 用一个正方体表示整数"1",怎么得到0.1、0.01、0.001?

明确:平均分成10份,得到0.1;平均分成100份,得到0.01;平均分成1 000份,得到0.001。

② 谁还能继续分下去,还能得到什么?

③ 我们来观察一下。这是0.001、0.002……这里有10个0.001,你有什么发现?继续数下去,这是0.01、0.02……这里有10个0.01,你有什么发现?再往下数呢?

明确:10个0.001就是0.01,10个0.01就是0.1,10个0.1就是1。

④ 接着想下去,你又想到了什么?

明确:10个1是10,10个10是100,10个100是1 000……

小结:同学们,我们把整数"1"平均分成10份、100份、1 000份……可以得到小数。从右往左,10个10个的数,把小数和整数紧紧地连在一起。(图2-21)

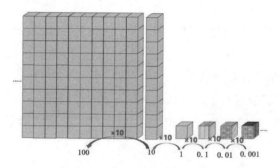

图2-21 小数和整数的联系

(4) 下面让我们聚焦数轴。如图2-22所示,你能在数轴上找到这些数吗?说说你的想法。

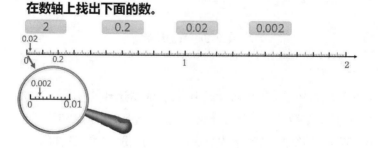

图2-22 在数轴上找数

① 从这条数轴上，我们既找到了整数，也找到了一位小数、两位小数、三位小数。如果继续分下去，我们还能找到四位小数、五位小数……原来，0~1之间有无数个小数。

② 你能在1和2之间找到小数吗？你是怎么想的？

（5）数轴上有小数，生活中也有小数。我们的华为芯片将采用5纳米工艺，那你知道1纳米有多长吗？出示：1纳米是0.000 000 001米。你有什么感觉？是呀，做这个芯片的要求很高，难度很大。华为真了不起！

再来看一个数据：珠穆朗玛峰的海拔是多少米？为什么珠穆朗玛峰的海拔要用小数表示呢？用小数表示珠穆朗玛峰的海拔更加精确。

（五）回顾反思，构建联系

通过我们这节课的研究，你对小数有什么新的认识？

明确：小数和分数有联系。把整数"1"不断平均分，产生了小数。小数和整数有联系，都采用十进制计数法计数。

小结：我们在研究小数的时候，把以前学的整数、分数和小数紧紧地联系在了一起。

板书设计如图2-23所示。

小数的意义

一位小数	十分之几	两位小数	百分之几	三位小数	千分之几
0.1	$\frac{1}{10}$	0.01	$\frac{1}{100}$	0.001	$\frac{1}{1000}$
0.2	$\frac{2}{10}$	0.08	$\frac{8}{100}$	0.008	$\frac{8}{1000}$
0.3	$\frac{3}{10}$	0.10	$\frac{10}{100}$	0.014	$\frac{14}{1000}$
0.4	$\frac{4}{10}$	0.22	$\frac{22}{100}$	0.340	$\frac{340}{1000}$

图2-23 板书设计

教学反思

（一）厘清小数与分数、整数的关系

小数的出现标志着十进制计数法从整数（自然数）扩展到了分数，使分数与整数在形式上获得了统一。由此可见小数和分数、整数有着密切的联系。

这节课一开始就运用三种不同单位的数量引发思考。研究一位小数、两位小数、三位小数时都呈现两种不同的事例，通过想一想、分一分、说一说、比一比等活动，让学生发现两种不同事例的共同点，即一位小数都需要把整数"1"平均分成10份，两位小数都需要把整数"1"平均分成100份，三位小数都需要把整数"1"平均分成 1 000 份,从而概括出一位小数、两位小数、三位小数的意义。在回顾环节,学生认识到把整数"1"平均分成 10 份、100 份、1 000 份……从而得到小数,并发现分母是 10、100、1 000……的分数都可以用小数表示。具体来看,一位小数表示十分之几,两位小数表示百分之几,三位小数表示千分之几……学生由此发现小数和分数是紧紧地联系在一起的。

整数与小数的计数方法是一致的,相邻两个计数单位间的进率都是 10。小数的计数方法是整数计数方法的扩展。教师要设计相应的教学环节,将整数的计数方法迁移到小数计数中,让学生在计数的经验和方法上有所积累。不仅如此,还要利用这些活动帮助学生整理认数系统,把原来认识的整数数位表扩充到小数。

但是苏教版五年级上册《三 小数的意义和性质》第一课时不涉及计数单位的教学,那怎样引导学生结合对小数意义的学习,对十进制计数向相反方向延伸有突破性认识呢?于是笔者在设计时按照三个层次展开。首先让学生参与两个练习:用合适的数表示涂色部分,说一说几个小数都表示什么意义。接着引导学生发现,今天我们都是把整数"1"平均分成 10 份、100 份、1 000 份……来认识小数的,一个正方形也可以表示整数"1"。那怎么得到 0.1、0.01、0.001 呢?学生探索后发现,继续平均分还可以得到新的小数,然后结合正方体示意图从 0.001 开始数。教师引导学生通过观察正方体示意图发现:10 个 0.001 是 0.01,10 个 0.01 是 0.1,10 个 0.1 是 1。再次引发思考:如果再数下去,你联想到了什么?学生马上联想到学习整数时,10 个 1 是 10,10 个 10 是 100,10 个 100 是 1 000……这就是水到渠成。最后教师总结:把整数"1"平均分成 10 份、100 份、1 000 份……能得到小数;从右往左看,10 个 10 个的数,把小数和整数紧紧地联系在一起。

(二)设计有效活动,实现意义建构

基于对小数的意义的深入分析与思考,教师在新授环节设计了三个层次的活动,分别对应一位小数、两位小数、三位小数的研究。在第一环节,教师在具体的事例中结合学生已有的知识经验研究一位小数,呈现了"8 分米是多少米?""8 角是多少元?"两个问题,让学生自己选择一个问题进行研究,借助直尺或正方形思考和表达。在此基础上,引导学生比较:研究这两个问题时,有什么相同的地方?大家怎么想到把 1 米和 1 元都要平均分成 10 份的?教师由此引导学生发现两个具体事例的共同点。接着让学生用直尺、正方形、线段表征一位小数。最后让学生用一句话概括出一位小数的意义。

第二环节,两位小数的研究是本节课的重点也是难点。教师给出两个问题——"8厘米是多少米?""8分是多少元?",然后借助导学单,让学生选择其中的一个问题进行研究。交流时充分把课堂还给学生,鼓励学生提出各种疑问。学生在交流中进一步明确,把1米平均分成100份就可以表示1厘米、8厘米了。再通过交流"8分是多少元?",学生得出类似的结论之后,教师让学生比较研究这两个问题时有什么相同的地方,再用图形表征0.01、0.10、0.22。最后让学生用一句话概括了两位小数的意义。

第三环节,三位小数的研究教师采用推理的方法进行教学。请学生选择"8毫米是多少米?""8克是多少千克?"两个问题中的一个,先想一想可以怎么研究,再填一填。有了研究一位小数、两位小数意义的经验,通过方法迁移、知识迁移,学生想到了要继续把整数"1"平均分成1 000份,先说出1份是多少,再说出8份是多少,从而找出相同的地方,最后用一句话概括出三位小数的意义。

整个过程,在素材的选择上,既充分关注情境设置的现实性、结构性,又重视让学生在学习活动中,通过想一想、分一分、说一说、比一比,感受小数与分数之间的关系;在活动的组织上,既强调教师的引领作用,又注重学生学习的自主性,让学生在有序、有效的活动中发展数学抽象能力和推理能力。

学习数学需要有一个思维的过程,要有类比和联想。教材不再安排更多位数小数的学习,意图之一就在于让学生把知识进行类比和迁移。

(三) 运用数学模型和联系实际生活,丰富小数的认识

局限在小数范围认识小数,特别是仅仅在纯小数的范围内学习小数,对学生建立小数的完整概念是不利的。因此,结合数轴适度将认识范围拓展到整数,通过对小数、整数的比较来完善和深化学生的理解,就显得很有必要。用数轴上的点表示小数,使得数轴上的点变得稠密起来。原来用数轴上的点表示整数,现在整数之间出现了小数,而且小数的个数是无限的,丰富了学生对"数"的离散型认识,让学生知道任何两个数之间还能塞进去无限的数,并把数轴上的点和数对应起来。教师引导学生在数轴上找整数、小数,并说说是怎么找的。再继续引导学生在1和2之间找小数,把小数的意义从纯小数过渡到混小数,进一步凸显小数作为"数"的本质。

数轴上有小数,生活中也有小数。我们通过视频出示"华为5纳米芯片"和珠穆朗玛峰海拔,凸显了小数产生的价值,体现了小数计数的精确性和必要性。

学生带着比较的思维、联系的思维和提出问题的意识,明白了学习是在原来的基础上不断超越的过程。

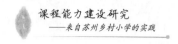

示例4:《五 年、月、日》课堂实录

苏州太湖国家旅游度假区舟山实验小学　　王燕琴

《五　年、月、日》是苏教版数学教材三年级下册的内容。这部分知识是学生在已经掌握时、分、秒相关知识的基础上进行学习的。学生对年、月、日并不陌生,因为他们在实际生活中有一定的感性经验,基本都看过日历。但是,许多学生对年、月、日的认识都是无意的、点状的,缺乏全面而又系统的认识。同时,学生经验差异也比较大。由于年、月、日作为计量时间的单位,本身是看不见、摸不着的,具有一定的抽象性,因此,教师要基于学生现实的学习起点,重视让学生通过直观操作活动感受抽象的数学知识。要引导学生在初步认识年、月、日的基础上,从时间单位的整体知识结构出发,建构这三个时间单位之间的联系,体会数学知识之间的内在逻辑。笔者在2017年苏州市小学数学教学研讨活动中执教了这节课。以下是这节课的教学实践历程与思考。

一、初次教学

（一）师生交流,揭示课题

谈话：同学们,今天是一个值得纪念的日子,因为有好多老师来听我们的课。我们可以用什么方法记住这一天呢？

学生在2017年年历上把今天的日期找出来,并说说是怎么找的。教师顺势揭示课题。

（二）观察对比,理解新知

1. 了解大月、小月和2月的天数

谈话：请同学们仔细观察2017年的年历,说说有哪些数学信息。和同桌交流。

（全班交流）

引导：让学生把年历中每个月的天数填在表格中,组织交流,让学生说说有什么发现。

谈话：你能想办法使同学们一眼就看出你的发现吗？

学生提出：可以给天数相同的月份涂上一样的颜色；也可以画"○"和"△"来区分不同天数的月份。

（学生动手涂和画，然后交流）

指出：有 31 天的月份叫大月，有 30 天的月份叫小月。2 月是特殊的。2017 的 2 月有 28 天。

提问：大月有几个，是哪几个月？小月有几个，是哪几个月？2 月呢？

2. 记忆大小月

谈话：同学们，仔细观察大月和小月的排列顺序。谁有办法很快记住哪几个月是大月、哪几个月是小月？同桌之间互相说一说。

（教师指名让学生说说记忆大月、小月的方法并示范"拳头记忆法"。学生伸出自己的左拳，跟老师一起数）

引导：你学会了吗？同桌互相数一数。

（学生活动）

出示儿歌：要找大月你记住，七八两月换着数。七月以前找单数，八月以后找双数。

提问：你知道这首儿歌的意思吗？（继续出示儿歌）"一三五七八十腊，三十一天永不差"。

说明：腊月，就是十二月。

提问：这首儿歌表示什么意思？通过上面的两首儿歌再记忆大月和小月。

3. 计算一年有多少天

谈话：我们知道一年有 12 个月，分为大月、小月和 2 月，那现在你能算出 2017 年有多少天了吗？到底是不是 365 天，你有什么好方法来算算呢？

学生独立计算后说一说自己的算法。学生给出两种方法：

$31+28+31+30+\cdots+31=365$（天）。

$31\times 7=217$（天），$30\times 4=120$（天），$217+120+28=365$（天）。

引导学生，还可以这样列式计算：

$31\times 12=372$（天），$372-4-3=365$（天）。

（教师对后一种方法进行说明）

（三）实践运用，巩固提升

圈一圈：请学生在年历表中圈出元旦、妇女节、劳动节。

（全班交流）

谈话：过完 1、2、3、4、5 月，我们来到了 6 月。6 月有一个同学们都很喜爱的节日，是几月几日？（6 月 1 日）2017 年的 6 月 1 日是星期几？你是怎么看出来的？

提问：时间过得很快，我们走过了 7 月、8 月，来到了 9 月。9 月是一个小月，有几天？（30 天）是几个星期零几天呢？（4 个星期零 2 天）在这 4 个星期零 2 天中，有几个星期日？（4 个）是不是所有月份都只有 4 个星期日呢？

谈话：就这样，我们一天天、一月月地来到了 2017 年的最后一天。是几月几日？（12 月 31 日）走过 2017 年，我们迎来了 2018 年。你知道 2018 年的元旦是星期几吗？你是怎么知道的？

（学生交流）

想一想：欢欢每天都要吃 1 片钙片，一瓶 30 片的钙片，够吃一个月吗？

学生交流：如果是大月，就不够吃；如果是小月，就够吃。

算一算：① 今年欢欢在奶奶家连续住了两个月，欢欢可能住了多少天？

② 欢欢有一段时间住在奶奶家，连续住了 2 个月，共 62 天，欢欢可能住了哪两个月？

（学生交流）

教学反思

初次执教，整节课上得很顺利。笔者充分利用 2017 年的年历作为学习的载体，组织了四个层次的教学：在第一个层次，让学生通过观察年历及相应的统计活动，发现一年有 12 个月，而每个月的天数不一样，由此展开对每个月天数的进一步研究。在第二个层次，引导学生通过填表、比较、涂色、交流，初步认识大月和小月，发现一年中有几个大月和几个小月，以及 2 月的特殊性。在第三个层次，引导学生想办法记住大月和小月，介绍多种记忆大月和小月的方法。在第四个层次，要求学生算一算 2017 年有多少天。通过多种方法，让学生进一步巩固对月的认识。随后的练习过程也比较顺利，但是课堂上学生学习的积极主动性不够。本次教学存在以下问题：

其一，注重结果性目标而忽视过程性目标。在初次教学过程中，笔者比较关注学生有没有掌握年、月、日的相关知识，因此，教学过程中任务的设计和问题的提出都比较直接地指向结果性的教学目标，而不太重视学生在学习过程中需要达成的目标，特别是学生在学习新知过程中需要掌握的数学思想方法和应该积累的数学活动经验。例如，在认识年、月、日的时候，笔者只出示 2017 年这一年的年历让学生观察。依据单一年份的材料得到的结果并不可靠。在认识年、月、日的过程中，笔者还应相机引导学生感悟周期排列的规律。同时，也需要结合年、月、日的学习向学生渗透爱国主义教育。教材在"想想做做"第 1 题中呈现了中华人民共和国国庆节和中国共产党生日这两个具有纪念意义的日子；"想想做做"第 3 题让学生先写出中华人民共和国成立的日期，再计算到哪一天正好是建国一百周年。这些问题都是对学生进行爱国主义教育的素材，需要在教学中得到重视。

其二，缺乏对知识整体性的关照。初次教学时，笔者只考虑了本节课的教学内容编排，按照教材的流程逐步推进，而忽略了让学生在整个时间单位的知识背景中逐步认识新的单位。这不利于学生认知结构的建构。年、月、日是较大的时间单位，在课堂上较难直接感知。但学生在学习本节课的内容之前已经学习了时、分、秒的知识并积累了相关的学习经验，因此笔者在教学时应该让学生"见树木更见森林"，把认识年、月、日的方法和认识时、分、秒的方法联系起来。同时，练习的过程也反映出一定的问题。教学时笔者是将书上的习题以"度过一年"的形式串联起来，想让学生边说节日边体会过完 12 个月便是过完一年。但实际教学效果是学生疲于回答一个个问题，无法进行较深入的思考。过于零碎的问题无助于学生形成一年有 12 个月的完整体验。

于是，笔者又开始了新一轮的思索与尝试……

二、再次教学

（一）师生交流，导入课题

谈话：上课的铃声已经响起，现在是上午 9 时 10 分 12 秒。（板书：时、分、秒）时、分、秒是我们以前学过的三个比较小的时间单位。记录时间的单位还有一些，你知道吗？

生：年、月、日。

师：是的，年、月、日是比较大的时间单位。你能用年、月、日来记录今天这个日子吗？

生：今天是 2017 年 12 月 8 日。

师：这是 2017 年的年历，你能在这张年历表上把今天这个值得纪念的日子找出来吗？

师：看来大家对年、月、日已经有了一些认识。年、月、日之间到底有怎样的关系呢？今天我们就一起来研究有关年、月、日的知识。

（二）观察对比，理解新知

1. 了解大月、小月和 2 月的天数

师：仔细观察 2017 年的年历，你发现了什么？把你的发现和同桌说说。

（学生交流，教师引导学生整理填表）

师：你能根据每个月的天数把这些月份分分类吗？

生：可以分成31天、30天和28天三类。

师：哪些月份有31天？哪些月份有30天？

明确：有31天的月份叫作大月。大月有哪几个？有30天的月份叫作小月。小月有哪几个？2月有28天，比较特殊，它既不是大月也不是小月。

（让学生给大月涂上红色，给小月涂上绿色，并说说有什么发现）

师：2017年共有12个月。大月有1月、3月、5月、7月、8月、10月、12月，小月有4月、6月、9月、11月，还有2月，只有28天。那其他的年份每个月的天数也是这样的吗？拿出自己手中的年历，将每个月的天数依次填一填。

（学生观察自己手中不同年份的年历卡，填写每个月的天数）

师：认为和2017年一样的同学请举手。怎么还有没举手的同学？你填的是哪一年？

生：我填的是2016年，2月有29天。

师：真是这样吗？（把年历给学生看）还有2月有29天的年份吗？是哪一年？

生：2012年、2008年。

师：通过刚才的观察我们发现，不同年份的大月和小月都是一样的，但2月比较特殊，在有的年份有28天，在有的年份有29天。它既不是大月，也不是小月。

2. 记忆大小月

教学过程同第一次教学。

3. 计算一年有多少天

师：你知道2017年有多少天吗？到底是不是365天，你有什么好方法来算一算呢？

（学生交流计算方法。同第一次教学）

师：通过计算我们知道2017年有365天。是不是每一年都有365天呢？你是怎么想的？

（引导学生注意到，像2016年、2012年、2008年，因为2月有29天，因此一年有366天）

（三）实践运用，巩固提升

圈一圈：（课件演示日历翻过1月、2月、3月、4月、5月）我们来到了6月。6月有一个同学们都很喜爱的节日，是几月几日？（6月1日）

师：走过6月，我们迎来了盼望已久的7月、8月。暑假里也有一些重要的纪念日，如党的生日和建军节，你知道分别是几月几日吗？

（学生交流）

师：过完暑假，我们迎来了新的学期。9月是小月，有多少天？有几个星期零几天呢？你是怎么知道的？

（学生计算并回答）

师：过完9月，我们迎来了10月。10月有一个特别重要的日子，你知道是哪一天吗？（10月1日）是呀，10月1日是国庆节。中华人民共和国在1949年10月1日成立。到哪年哪月哪日中华人民共和国成立100周年？

（学生说说自己的想法）

师：就这样，我们来到了2017年的最后一天。是几月几日，星期几？（12月31日，星期日）走过2017年，我们即将迎来2018年。你知道2018年的元旦是星期几吗？你是怎么知道的？

（学生交流）

师：2018年也有哪些月份呢？月份的排列有什么规律吗？

生：2018年也有12个月，是按1月、2月、3月直到12月来排列的。

想一想：欢欢每天都要吃1片钙片，一瓶30片的钙片，够吃一个月吗？

学生交流：如果是大月，就不够吃；如果是小月，就够吃。

…………

（四）回顾总结

师：今天我们认识了哪些时间单位？这些时间单位之间的关系是什么？比日小的单位是什么？日和时的进率又是多少呢？

生1：时、分和秒。

生2：1日有24小时。

…………

板书设计如图2-24所示。

年　月　日

一年有12个月　　大月：1、3、5、7、8、10、12（31天）
（365天或366天）　小月：4、6、9、11　　　　（30天）
　　　　　　　　　2月　　　　　　　　　（28天或29天）

图2-24　板书设计

教学反思

在第二次教学中，笔者从学生已经学过的时、分、秒这些比较小的时间单位入手，使时间单位的概念在学生的认知结构中自然生长出来。在课尾又引导学生认识年、月、日和时、分、秒之间的关系，让学生将新知纳入已有的认知结构中。在了解大月、小月及2月的天数时，先让学生以2017年为例进行观察、填表和整理，发现其排列的规律，再让学生利用自己手中不同年份的年历卡，观察和记录每个月的天数。学生关于年、月、日的研究素材更为丰富。学生通过对不同年历卡的观察，了解到不同的年份大月和小月都是一样的，而2月在有的年份有28天，在有的年份有29天。学生经历了不完全归纳和推理的过程，感悟了相对合理的研究问题的方法。练习设计也进行了调整，继续通过课件演示让学生经历一年12个月，适当精简问题，注意将教材中有关爱国主义教育的相关问题穿插其中。学生在练习时，笔者注意鼓励他们独立思考，给他们提供更多自主探究和交流的时间。

进一步反思教学过程，发现还有这样一些问题：

其一，教学没有充分利用学生的认知经验。学生在日常生活中或多或少都有关于年、月、日的生活经验。如何真正了解学生的已有经验，使教学顺应并丰富学生的经验？那就要在教学中鼓励学生充分暴露自己的经验，在准确把握学生认知起点的基础上，根据教学进程有序地丰富学生的认知经验。这样的教学既显得自然，也更容易激发学生学习的主动性。

其二，练习题缺乏实际应用价值。笔者设计了联系生活实际的习题。一是欢欢每天都要吃1片钙片，一瓶30片的钙片，够吃一个月吗？笔者通过这一问题让学生运用大月和小月的知识进行思考。然而这样的问题真的符合生活实际吗？在一般情况下，人们似乎不会去考虑由于大月和小月相差一天，钙片是否够吃的问题。同样，欢欢在奶奶家连续住了两个月，可能住了多少天这个问题需要学生花时间思考并进行列举，但这与本节课的教学目标没有直接关系。另外，在计算到哪一天正好是建国100周年时，学生普遍觉得问题比较抽象，具有一定的难度。

其三，板书设计虽然清楚地呈现了本节课学习的数学知识，但是并没有很好地体现知识之间的联系，可以进一步完善。

基于以上思考，笔者又进行了第三次教学。现将第三次教学改进的部分及反思记录如下。

三、第三次教学

(一) 激活学生的生活经验

……

师：看来大家对年、月、日已经有了一点认识。你们对年、月、日有哪些了解？

生1：我知道一年有12个月。

生2：我知道一年有365天。

生3：我知道每个月有30天。

生4：我知道有平年、闰年。

师：同学们了解的还真多。那是否如你们所说，一年都有12个月，每年都有365天，每个月都有30天呢？今天我们就一起来研究有关年、月、日的知识。

……

(二) 计算一年有多少天

师：通过观察、比较、整理，我们知道一年有12个月，还知道根据每个月的天数可以将这12个月分为大月、小月和2月。接下来，你觉得我们可以研究什么？

生：可以研究一年有多少天。

师：一开始有同学说一年有365天，是这样吗？可以怎样来验证？

生：可以算一算。

师：你会算吗？

生：31+28+31+30+…+31＝365（天）。

师：你是怎么想的？有多少个数相加？

生：我把12个月的天数一个一个加起来，得到365天，有12个数相加。

师：还有其他算法吗？

生：31×7＝217（天），30×4＝120（天），217+120+28＝365（天）。

师：每个算式表示什么意思？

生：第一个算式是算7个大月的天数，第二个算式是算4个小月的天数，第三个算式是大月、小月和2月的天数相加，加起来也是365天。

师：你是先分类再计算的，真棒！是不是每一年都有365天呢？

……

(三) 计算自己20岁生日的时间

师：看来，一年中的有纪念意义的日子还真多。有一天是属于我们自己的有纪念意义的日子，是什么日子？

生：自己的生日。

师：是的，我们每个人的生日。（课件出示2017年12月31日）这个日子不仅是2017年的最后一天，对于我们班上的一位同学来说还很特殊，是谁呀？是他几岁生日？你们知道他20岁生日是哪年哪月哪日吗？

（学生思考并交流，教师出示相应的线段图帮助学生理解）

师：现在，你们每个人算算自己20岁的生日是哪一年哪一月哪一日。

（四）总结延伸

师：同学们，今天我们一起研究了年、月、日的知识，你有哪些收获？

（学生交流）

师：其实，年、月、日中还有许多小秘密。比如，年、月、日是怎么形成的，为什么有时2月的天数和其他年份的不一样呢？日和我们以前学的时之间又有什么关系呢？有兴趣的同学可以查阅一下资料。

板书设计如图2-25所示。

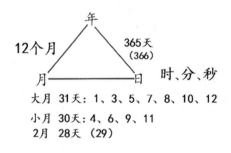

图2-25　板书设计

教学反思

从知识结构来看，每一类计量单位都是一个相对独立的知识系统。年、月、日和学生已经认识的时、分、秒都属于计量时间单位系统。计量时间单位系统相对其他单位系统（质量单位系统、长度单位系统等）具有独特性，单位之间的进率有时不是一个固定值。这就要求教师从整体的角度去把握教材，站在高处，想到深处，把零散的碎片化的知识连成线、组成片，使学生所学的知识具有结构性，便于自主迁移。

在上述教学过程中，笔者首先由上课的具体时刻出发，引导学生回忆了已经学习的计量时间的单位时、分、秒，接着鼓励学生充分交流已有的关于年、月、日的生活经验。这就为整节课的探索、验证和发现构建了整体的知识框架。随着教学过程的逐步推进，学生整体建构了对年、月、日及其之间联系的认识。通过课后小结的问题，笔者又及时引导学生进一步思考日和时的联系，鼓励学生进一步探索新学习的时间单位和已经认识的时间单位之间的联结点，使学生刚刚建构的认知平衡再次被打破。这样的教学更具知识结构的张力。

改进后的教学更加重视数学思维方法的指导，更有数学味。在计算一年有多少天的教学中，第一个学生采用逐月累加天数的方法。由于加数的个数较多，教师通过追问引导学生体会一年有12个月，需要把12个月的天数相加。第二个学生将大月和小月分别计算。教师通过追问引导学生更清晰地理解这一先分类再计算的方法。这些引导有助于学生真正理解计算的道理，发展思维的灵活性。在计算经过年份时，笔者注意联系学生生日的实际问题，引导学生画图分析和思考，不仅更有效地启发学生掌握了计算经过时间的方法，而且培养了学生用画图的策略解决实际问题的能力。

总之，年、月、日的教学看似简单，但是如何使常见的量的教学更有效地激发学生的数学思维，体现数学教学的价值是值得进一步思考和研究的问题。就本节课而言，笔者还需要进一步思考如何引导学生体会每一个计量单位的长短，帮助学生更好地建立相应单位时间长短的观念。尽管笔者在练习教学中让学生体会了一年有12个月，但这种体会始终不到位。另外，对于年、月、日的划分，我们知道，地球绕太阳转一周的时间是一年，月球绕地球转一周的时间是一个月。这在教学中也应有所介绍，从而让学生体会以年、月、日为单位来计量时间的合理性。

（有改动）

示例5：《Unit 6　At the snack bar》课堂实录

苏州市吴中区越溪实验小学　朱　琴

Pre-task preparation："先学"奠基，学生"乐"在其中

1. Greeting

T（师）：Class begins.

Ss（生齐）：Stand up.

T（师）：Good morning, class!

Ss（生齐）：Good morning, Miss Zhu!

2. Enjoy a song *Good foods*

T and Ss enjoy the song. （师生跟唱歌曲，加上动作，活跃气氛）

T（师）：Boys and girls, do you like the song?

Ss（生齐）：Yes!

T（师）：What's the song about?（手势）

Ss（生齐）：Food!

T（师）：Yes, it's about food. We know a lot of good food from Uncle Jerry（呈现歌曲中主人公）.

Jerry（录音）：Hello, boys and girls, I'm Jerry.

T（师）：Let's say "hello" to Jerry.

T（师）／Ss（生齐）：Hello, Jerry!

Jerry（录音）：Would you like to have good food with me?

Ss（生齐）：Yes!

T（师）：Great! We all would like to have good food with Jerry.

呈现主题：Having good food with Jerry.

T（师）：Well! Today, our topic is having good food with Jerry.

Ss（生齐）：Having good food with Jerry.

T（师）：Again!

Ss（生齐）：Having good food with Jerry.（师贴板贴）

3. Review food：go to the food shop

Jerry（录音）：First, Let's go to the food shop!

T（师）：Let's go to the food shop, eat and chew!（一边吟唱，一边加上动作，创设带领学生们去食物店吃东西的氛围）

T（师）& Ss（生齐）：Go to the food shop, eat and chew!

T（师）：Look, here we are. There are so many yummy food at the food shop. If you like it, please say "I like… yum, yum!"（表情，动作夸张）loudly, clear?

Ss（生齐）：Yes!

T（师）：Ready?

Ss（生齐）：Go!

T（师）& Ss（生齐）：I like hamburgers, yum, yum!

T（师）：Yes, it's a hamburger. Ham-bur-ger, hamburger!（请个别人读）

T（师）：Who can read it beautifully and correctly?

S1（生1）：…

S2（生2）：…

T（师）：Do you like hamburgers? Let's say "I like…".

4. Review drinks：go to the drink bar

T（师）：You eat so much food, you must be thirsty.

Jerry（录音）：Would you like some drinks? Let's go to the drink bar!

T（师）：Let's go to the drink bar, shake and drink!（一边吟唱，一边加上动作，创设带领学生们去饮料店喝饮料的氛围）

T（师）& Ss（生齐）：Go to the drink bar, shake and drink!

T（师）：Here we are. The drink bar! Look, here's some…（milk）Would you like …?

Ss（生齐）：Would you like some milk?

T（师）：Yes, please. I like milk.

T（师）：Would you like some milk?

S3（生3）：…

T（师）：What about this one? We can say…

Ss（生齐）：Would you like some tea?

T（师）：No, thanks.

T（师）：What about this one? You ask, you answer.（生合作对话）

S1：Would you like some …?

S2：Yes, please. I like… /No, thanks. I'd like…

T（师）：Wow! Here are some coffee beans! We can say…

S（生）：Would you like some coffee?

T（师）：Co-ffee, coffee! So many nice drinks.

5. Lead to "Unit 6 At the snack bar"

Jerry（录音）：Boys and girls, we can go to the food shop and eat some yummy food. We can go to the drink bar and have some nice drinks. And we can go to the snack bar to have them all.

T（师）：Wonderful! We can have them all at the snack bar! Here's a snack bar. Snack, bar, snack bar, at the snack bar.

T（师唱）：At the snack bar, we can have them all.

6. Let's chant

T（师）：Now, let's go to the snack bar with Jerry!

画外音：Welcome to Kitty's Good Foods!

T（师）：It's Kitty's Good Foods! Let's go in.

While-task procedure：" 研学 " 主力，学生 " 实 " 而有获

Step 1：learn new structures

1. Present new structures

（借助动画效果，带学生进入 Kitty 餐厅，创设餐厅点餐情景）

T（师）：Boys and girls, the waiter is busy. We can scan the code and order food（扫码点餐）.

（1）呈现 food 菜单。

T（师）：Yummy food! I'd like a pie! What, would, you, like?（慢）（课件展示句型：I'd like…板书：I'd like…）

S（生）：I'd like…

T（师）：What about you? What would you like? （课件展示句型：What would you like? 板书：What would you like?）

S（生）：I'd like…

T（师）：Who would like to order food here?（借助多媒体，邀请学生上台点餐）

T（师）：Let's ask him together. What would you like?（师带生边拍手边吟唱问题）

Ss（生齐）：What would you like? What would you like?

S（生）：…（几组）

（2）呈现 drinks 菜单。

T（师）：Food and drinks are good match. What drinks would you recommend?

S（生）：What about…?

T（师）：Yes, please.

S（生）：What about …?

T（师）：No, thanks. I'd like…

T（师）：Please discuss with your partner.（两人合作操练）

A：What would you like?

B：I'd like…

A：What about some…?

B：Yes, please. / No, thanks.

2. Practise new structures

(1)

T（师）：Class, you know how to order with a table. It's time for you to order food with your partners.（推送课件）Please ask and answer like this（图2-26）.

(2) Let's show.（利用电子白板随机抽小组，反馈对话）

T（师）：Time's up. I got your orders. Let's have a look. According to your orders, hamburgers and juice are the most popular in our class. I like them too.

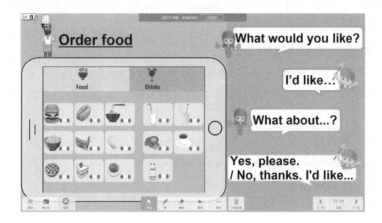

图2-26　用平板电脑点餐

Step 2：present the story

T（师）：Look, our friends are at Kitty's Good Foods too. They are looking at a menu. About ordering, Jerry has a tip for you.

Jerry（录音提示）：Class, in daily life, we can scan the code and order food. We can also look at the menu and ask the waiter for help.

1. Watch and tick

T（师）：So, what would they like?

T（师）：What would Mike/ Helen/ Dad like?

S（生）：Mike/ Helen/ Dad would like…（师拖图片）

2. Listen and imitate

T（师）：Yes or no? Let's check.

（蒙层：a glass of milk, some noodles, a cup of coffee）

T（师指板书）：Good job! You are right.

T（师）：They'd like a glass of milk and a cup of coffee. What's the difference between "glass" and "cup"? Jerry has a tip for you. （Jerry 录音提示）

3. Listen and fill

T（师）：They would like all these foods. Now dad is ordering food for Mike and Helen. What will Kitty say? Listen carefully!

（展示"Anything else?"）

4. Read and imitate

5. Look and say

T（师）：Food and drinks are ready. Let's help Kitty! You know "The ... is for..." （生说，师点图）

6. Imagine and say

T（师）：Look at Mike and Helen. Do they like the food? If you were Mike or Helen, what would you say? （引导生看图说句，加上表演，为后面的表演铺垫）

S（生）：...

Jerry（录音提示）：Class, if we want to ask a waiter for help, we should decide what to order first, just like Mike's family.

7. Read together

8. Try to act

T（师）：Now, you can choose one scene to act it out! （Discuss the menu/Order food）

9. Let's chant （图2-27）

图2-27　Order food and drinks

Post-task activity:"拓学"巩固,学生"活"用生活

1. Imagine and act

T(师):Mike's family ate all the food up!

Dad(爸录音):Mum and Tim are at home. Can you order some food for them?

T(师):Mike and Helen would like to order for mum and Tim. Now, let's help Mike and Helen to order some food.(三人小组合作)

A:What would you like?

B/C:I'd like…, please.

A:What about…?/Anything else?

B/C:…

A:Here you are.

B:Thank you.

T(师):Good job! You order a lot for them. They must be very happy!

2. Emotional education

Jerry(录音提示):Class, you can get meals to go or stay. Either way, you should order appropriately and not waste.

T(师):At the snack bar, we know how to order food. Remember, don't waste food. Ok?

Homework

(1)Listen and read story time.

(2)Act the story out.

(3)Work in four, make a menu.

Board design(图2-28)

图2-28 At the snack bar

教学反思

在"互联网+"背景下,学校教育和教学过程都发生着深刻的变革。互联网与课堂一样,充满了新动态。互联网走入小学英语课堂,便利地展现感性材料,创设最佳语境,从而给课堂教学注入了新的生机和活力,促使学生积极思考、主动参与语言实践,使教学效率达到最优,从而有效增强了课堂教学效果和学生的英语能力。这是一节信息化主题的比赛课,充分利用电子白板,根据新课改的总体目标,结合教学内容,贴近学生实际,创造性地设计了有效的教学活动,让学生在生活中学习,在学习中生活,实现生活与教学的互通互融。

(一)"先学"奠基,学生"乐"在其中

"先学",顾名思义,就是让学生先自我学习,是以自主学习为主,而非教师直接介入的学习活动,意在培养学生的主体意识,不断增强学生的自主学习能力。就英语中的"先学"来说,教师不是旁观者,而是设计"先学"方案的策划师。

1. 课堂教学活动目标要明确

在小学英语课堂教学中我们应该采用贴近学生生活的、易于学生参与体验的任务型教学活动。例如,在本节课的学习中,在教授 What would you like 的内容时,笔者利用平板电脑,设计了"Menu",让学生"到餐馆用餐",让学生练习有关食物的 juice、milk、hamburger 等单词和 What would you like 等句型。这个教学活动的目标十分明确,使学生表述食品和要求食物的能力都得到了一定程度的发展。这样的教学活动是有效的。

2. 情境创设要真实,便于操作,合理分配时间

小学英语教学情境主要有借助实物和图像创设的教学情境、借助动作(活动)创设的教学情境与借助语言创设的教学情境。主题是一节课的核心,作为主线贯穿课堂始末。本节课的主线人物是 Jerry,主题是"Having good foods with Jerry"。主人公 Jerry 带着孩子们去了食物店和饮料店,在两家店里分别复习了食物和饮料的核心词汇及点单的核心句型,新授了个别词汇和句型,带学生在主题情境中学习如何点单,最后带大家到 Kitty 餐厅进行课文的学习,并且给出一些温馨提示,让学生全程感受到跟着 Jerry 在"逛吃",欢乐又有意义。

本节课点餐环节利用了现实生活中流行的平板电脑点餐,课件也设计成了生活中点单的样式。学生两两合作点餐,在课堂中感受到了真实的点餐情

景，都跃跃欲试。

3. 英语教学中多媒体技术的应用

与多媒体技术相结合的英语课具备了很多吸引学生注意力和提高学生英语学习水平的元素，如色彩、动画及音响等。教师应恰当地运用多媒体技术，创设合理的课堂环境，解决重难点，以提高英语课堂教学的效率。在英语课堂中引入多媒体技术既要发挥其容量大、节奏快和感染力强的优势，又要摆正其在英语教学中的位置，做到适时、适度、适量。英语教学中有一个很重要的游戏"quick response"。让学生快速反应的同时结合一些动感的音乐能让效果倍增。本节课就利用了这样的形式，让学生巩固词汇和句型，课堂氛围很不错，效果很棒。课文的配音也是十分重要的。学生看着动画练习语音、语调会更加积极。

（二）"研学"主力，学生"实"而有获

所谓"研学"，是指学生经历自我感悟、体验、思考和发现后的伙伴互助学习，让学生能够充分展示自己的成果，并通过提问、补充、质疑和辩论等形式更好地取得实实在在的收获。实在的收获需要实在的劳动，所以在课堂上教师要舍得"解放"学生。

1. 解放头脑，积极思考

学问学问，要学要问。学生不能机械地学习、被动地接受，而是要学会主动思考，学会质疑，在学习的基础上积极思考，培养创新意识。小学生对于英语既陌生又好奇。教师要及时抓住小学生独特的心理特点，利用他们的好奇心理，及时培养他们对英语的兴趣，激起他们的思考欲望，同时在方法上加以引导，让他们更加高效地学习。

本节课有几个环节是需要学生发挥想象力，自己组织语言表达的。学生想象力很丰富，答案都很精彩。

2. 解放双手，实践创造

在教学中，教师应解放学生的双手，让学生有亲自动手的机会，从事创造性的活动，在实践过程中不断体验成功，在体验成功的过程中不断激发探索的欲望。

在教授课文中有食物的内容时，笔者带了真的汉堡等食物。学生看到以后，激动不已，气氛很是活跃。每个学生都把手举得高高的，课堂效率也提高了。

3. 解放眼睛，观察探索

在教学中，教师要解放学生的眼睛，让学生会看、会观察。观察力是创造的起点，是聪明大脑的"眼睛"。

课文的内容是比较简单的，句型不多。但是，图片里还有很多需要被挖掘的信息。于是笔者设计了观察图片回答问题的环节，让学生仔细观察，大胆猜测，尝试着表达课文里没有的内容，很好地锻炼了学生的观察力。

4. 解放嘴巴，畅所欲言

在教学中，教师要解放学生的嘴，让他们说。说是英语学习的最终目的，也是检验英语学习的有效手段。学生不但要会说，还要能说。

本节课大部分时间是留给学生的。在课文内容的处理中，笔者尽可能让学生表达，模仿语音语调，也尽可能给学生更多练习的机会。在课文学习的结尾，创设了学生帮助 Mike 家人点单的环节，鼓励学生利用核心词句，发挥想象力，大胆猜测，自由表达，进行语言输出。学生在表达中发现自己的错误更有利于增强口语交际能力。

（三）"拓学"巩固，学生"活"用生活

教师"以学定教"，把力用在关键处，引领学生去"编织"、去"堵漏"、去"爬高"，培养学生的思维能力，才能真正达到"拓学"的境界。"拓学"是对"先学"的发展，是对"研学"的拓展。"分层拓学"是实现学生个性发展和因材施教的策略。

1. 将课堂转至教室外，把英语兴趣延伸到课外

陶行知说过，要解放小孩子的空间，让他们去接触大自然中的花草、树木、青山、绿水、日月、星辰，以及大社会中之士、农、工、商、三教九流，自由地对宇宙发问、与万物为友，并且向中外古今三百六十行学习。教师要突破狭小的课堂空间，把学生的视野引向万花筒般的大千世界。

本节课的内容是贴近生活的，所以笔者鼓励学生课后和父母一起去餐厅点餐，尝试运用文中句型。虽然这只是一个小小的要求，但相信学生还是愿意去尝试的。

2. 精心设计作业，让作业多样化

虽然小学生对英语学习较为感兴趣，但由于课业及家庭等多方面原因，学生课外用于英语学习的时间很难得到保障。英语作为一门语言，巩固的过程必不可少。这就要求教师给学生设计丰富多样、能够调动其积极性的课后作业。

（1）基础型作业。给学生布置与所学知识相对应的听、读、写作业对学生打好扎实的基础很重要。这是作业中不可缺少的一部分，但要适量。

（2）说一说，演一演。教师可以根据所教的单词和句型，让学生结组进行对话创编活动，在课堂上进行展示，在小组中进行交流。学生可以根据自

己的能力选择角色，确定内容。这样的练习作业既考虑了学生的差异，又可有效调动学生的积极性。

虽然此次磨课很辛苦，但是笔者也受益匪浅。总之，在英语教学中运用互联网，可帮助学生实现发现学习、探究学习、自主学习。在信息技术的支持下，学生之间可进行充分的信息交流。在英语教学中合理运用信息技术，以生动、直观、形象、新颖的内容来优化英语课堂教学，能使课堂学习气氛浓厚又轻松，给学生提供更多的语言实践机会，但也给老师提出了更多要求。

示例6：《Unit 5　What do they do?》课堂实录

苏州市吴中区越溪实验小学　王雅娇

Step 1　Warming up

1. Free talk：jobs in the song

T：What's the song about?

S：It's about jobs.

T：What jobs did you hear in the song?

S：Teacher. / Doctor. / Dentist. / Pilot. / Carpenter.

T：Yes. Do you know what they do?

2. Introduce the topic："Unit 5 What do they do?"

T：Today，we are going to learn "Unit 5 What do they do?".

Ss：Unit 5 What do they do?

3. Guessing game：What do they do? —They are… They…

T：Let's play a guessing game. Look at the tool box. Guess：what are they and what do they do? For example，let's ask together—

Ss：What do they do? What do they do?

T：Who can try?

S：They are drivers.

T：Yes，they are drivers. They drive people to their homes. Drive people to their homes.

Ss：Drive people to their homes.

T：What do they do? What do they do?

Ss: They are drivers. They drive people to their homes.

T: Great! You get it. Let's start our game.

Ss: What do they do? What do they do?

S: They are cooks. They cook nice food.

Ss: They are cooks. They cook nice food.

Ss: What do they do? What do they do?

S: They are nurses. They help the doctor.

Ss: They are nurses. They help the doctor.

Ss: What do they do? What do they do?

S: They are farmers. They do farm work.

Ss: They are farmers. They do farm work.

Ss: What do they do? What do they do?

S: They are cleaners. They do some cleaning.

Ss: They are cleaners. They do some cleaning.

Ss: What do they do? What do they do?

T: They are policemen. They help people. Policemen.

Ss: Policemen.

T: A policeman.

Ss: A policeman. Two policemen.

Step 2　Presentation

1. A busy policeman

(1) Lead out a policeman Mr Chen.

T: Look! Here comes a...

Ss: Policeman.

Mr Chen: Hello, I'm Mr Chen. I am busy day and night.

(2) Enjoy a video "What is Mr Chen busy doing?".

T: What is Mr Chen busy doing? Let's watch and find.

S: He's busy doing a census.

T: Yes!

(3) Introduce the topic: "Doing a census".

T: Today, our topic is "Doing a census".

Ss: Doing a census.

T：Can you guess the meaning after watching the video？

S：人口普查。

Mr Chen：Please support us.

T：Can you？

Ss：Yes.

T：Let's say…

Ss：Go！Go！Go with him！Let's do a census.

2. Go out and do a census with Mr Chen

（1）The Lius.

T：First，we go to…

Ss：The Lius.

① Liu Tao's father's job.

T：What's Liu Tao's father？Watch the video，please.

S：He's a driver.

T：We can also ask…

Ss：What does your father do？

T：Look，is he a bus driver or a taxi driver？

S：He's a taxi driver.

T：You're right. He…

Ss：Drives people to their homes.

T：Now，boys，you are Liu Tao. Girls，you're Mr Chen. Let's do a role play.

Ss：What does your father do？

Ss：He's a driver. He drives people to their homes.

② Liu Tao's mother's job.

T：What about Liu Tao's mother？Please work in pairs and try to guess.

S：What does Liu Tao's mother do？

S：Maybe she's a nurse. She helps the doctor./Maybe she's a teacher. She teaches English./Maybe she's a farmer. She does some farm work.

T：Look！What does Liu Tao's mother do？

Ss：She's a nurse.

T：She helps sick people. Help sick people.

Ss：Help sick people.

③ Check the census：listen and sing.

T: Mr Chen has finished the census. Let's help him check it. Try to listen and follow.

Ss: What does Liu Tao's father do? He's a driver. He drives people to their homes. What does Liu Tao's mother do? She's a nurse and she helps lots of sick people.

T: Well done! There's nothing wrong with the table. So it can be signed.

(2) Other families:

① Chant the slogan.

T: It's time to go to other families. Let's say…

Ss: Go! Go! Go with him! Let's do a census.

② Problems while doing the census.

T: Two families are not at home. Mr Chen left them a…

Ss: Note.

T: They can scan the QR and do the census online.

③ Two families are back.

T: Look, the two families are back now. Su Hai and Mike are talking about Mr Chen's note. Mike wants to do the census first.

A. The Browns.

T: Please watch the video and try to answer "what do Mike's father and mother do?"

S: He's a teacher. He teaches English.

T: What about your English teacher? Who teaches you English?

Ss: Miss Cao is our English teacher. She teaches us English.

T: What about this one?

Ss: Miss Xue is our teacher. She teaches us Chinese.

T: And?

Ss: Miss Mao is our teacher. She teaches us maths.

T: Great, you can introduce your teachers.

Ss: Mr Brown is a teacher. He teaches his students English.

T: What about Mike's mother?

S: She's a writer.

T: A writer can write many things. For example…

S: A writer writes rhymes/ plays/ stories.

T: What does Mrs Brown write?

S：She writes stories.

T：Boys and girls, what does Mike's mother do?

Ss：She's a writer. She writes stories at home.

T：Now it's time to check and sign.

Ss：What does Mike's father do? He is a teacher. He teaches English. And what does Mike's mother do? She is a writer. She writes stories at home.

T：So, nothing wrong here. Mike can sign.

B. The Sus.

T：Mike has finished the census online, and now it's Su Hai's turn. Boys and girls, please read page 49 and try to find what Su Hai's parents do. You can underline the key sentences.

T：What does Su Hai's father do? Who can help Su Hai finish the table by voice?

S：Su Hai's father is a doctor. He helps sick people.

T：Which are the key sentences?

Ss：My father is a doctor. He helps sick people.

T：Doctors are great. Look at Mr Su. What colour is his coat?

S：It's white.

T：He's a doctor dressed in white.

Ss：He's a doctor dressed in white.

T：What does he do as a doctor?

S：He helps sick people.

T：Yes. He helps people feel well.

Ss：He helps people feel well.

T：Where does he work?

S：He works in a hospital.

Ss：He works in a hospital.

T：Doctors work for a long time. Mr Su works from...

Ss：Morning to night.

T：He is busy day and night.

Ss：He is busy day and night.

T：Let's chant together.

Ss：He's a doctor dressed in white. He helps people feel well. He works in a hospital. He is busy day and night.

T: That is about Su Hai's father. What is her mother?

S: She's a worker.

T: Where does she work?

S: She works in a factory.

T: She's a factory worker.

Ss: She's a factory worker.

T: What does she make?

S: She makes sweets.

T: So, we can say...

Ss: She makes sweets in the factory.

T: Workers can make a lot of things. Look at them!

S: They are workers. They make teddies in the factories. /She's a worker. She makes clothes in the factory. /He is a worker. He makes cars in the factory. /They are workers. They make drinks in the factory.

T: Workers are also important in our life. It's time for us to check the information for Su Hai.

Ss: What does Su Hai's father do? He is a doctor. He helps lots of people. And what does Su Hai's mother do? She is a worker. She makes yummy sweets.

T: Info checked. She can sign now.

(3) Review how to do the census online: read and imitate.

T: Boys and girls, do you know how to do the census online? Let's review the procedure.

(Ss read the story and imitate)

T: Mike likes sweets very much. Can he eat a lot of sweets?

Ss: No!

T: Let's give him some suggestions.

S: Mike, don't eat too many sweets. /Mike, don't eat sweets before sleeping. /Mike, you should brush your teeth before sleeping.

Step 3　Production

1. Retell today's census

T: Many people do the census today. Can you try to say something about them?

You can talk with your partners first.

S：Liu Tao's father is a taxi driver. He drives people to their homes. Liu Tao's mother is a nurse. She helps sick people.

S：Mike's father is a teacher. He teaches his students English. Mike's mother is a writer. She writes stories at home.

S：Su Hai's father is a doctor. He helps sick people. Su Hai's mother is a factory worker. She makes sweets.

2. Help Mr Chen do a census：what do your partner's parents do？

T：Today，Mr Chen comes to our campus. Can you help him? Work in pairs and take down the information of your partners' parents.

3. Give a report.

T：Who can report your census to us？

S：Lily's father is a bus driver. He drives people to their homes. Lily's mother is a shopkeeper. She sells snacks.

T：You help Mr Chen a lot. For the rising of country，we all should work hard. No matter what we do，please work hard all the time.

Step 4　Homework

T：That's all for today's class. Here's the homework：① Read the story 5 times. ② Try to know more about the jobs of your family members. Goodbye，class.

Ss：Goodbye，Miss Wang.

（有改动）

《Unit 5　What do they do?》课堂实录点评
金黎静

苏州市吴中区越溪实验小学的王雅娇老师是一名一线青年英语教师。走进她的课堂，跟随她的教学设计，融入人口普查的情景，我真切感受到我们最基层的小学英语教师对牛津英语译林版教材的认识、理解与实践。

一、鉴于单元话题的目标任务

本节课围绕单元话题"What do they do?"设计了"帮助警官Mr Chen做好人口普查"的语用活动。话题能够紧扣时代特征,要求学生在模拟人口普查的语境中,借助一些图片、小视频等及"What does he/she do? He/ She is a…"的语言框架来表述各个人物的职业。根据这些语用任务,王老师设定了第一课时的教学目标。她的定位是让学生熟练掌握核心词汇policeman、driver等的音、形、义及复数形式,在模拟人口普查的语境中结合旧知,初步运用这些核心词汇;让学生在模拟人口普查的语境中听懂、运用核心句型"What does he/She do? He/she is a … He/She…"并询问和回答。她的情感态度定位在不管我们做什么职业,都应该艰苦奋斗。在课堂上王老师也想办法围绕这个目标,引领学生在"Do a census"的话题语境中获得知识、应用知识并开展一些语用活动,通过教师口头语言激励的评价方式,最终达成语用目标任务。

二、始于学生语力的语用活动

在设计语用活动前,王老师翻看了1—4年级的教材,认为学生对一些简单的职业及他们所做的事情都略知一二,并能用简短的语句来表述。基于这样的学情,王老师通过课前儿歌导入单元话题"What do they do?"。接着通过一个"看工具,猜职业"的游戏来激活学生的知识储备,同时对单元话题进行了建构,在此引出本课的核心词汇policeman,并对它的音、形、义及单复数都进行了教授。

学生对于census这个词比较陌生,所以王老师安排学生观看一段真人版人口普查的视频,让学生在比较轻松活跃的氛围中感知本课的话题。

进入课时话题之后,在课文的核心对话前,王老师创设了一个情境:在刘涛(Liu Tao)家的人口普查。正好之前我在一篇文章中看到,这种情境称为前置情境。所谓前置情境,就是指教师从文本情境出发,考虑对话发生的背景,结合单元主情境,找到相关元素而创设的教学情境。在实施这个人口普查活动时,王老师采用听一段完整的对话的方式,让学生对人口普查这个活动有所了解,同时也在语境中让学生感知本节课的核心句型,从而引出核心词汇driver及核心句型"What does he/she do?"。

在核心内容,也就是Story time的教学中,王老师结合了时代特征,创设了在网上填报相关信息以完成人口普查的情境,让学生在比较真实的情境中来体验，从而使学生对本课时的话题"Do the census"产生更深的认识和理解。

　　在整节课中，王老师都是带着重回现场的感受，帮助学生在经验中获得完整的认知体验。每个家庭的人口普查结束后，她都通过一首优美的歌曲来引导学生回头看，回顾学习的历程，回顾每一个学习任务完成的过程，之后又让学生通过小组合作，在情境中去体验语言，从而运用语言。

（有改动）

第三章 课程开发能力建设

第一节 从课程到文化：乡村小学课程开发的实践构想

随着社会的发展和进步，许多乡村小学纷纷新建或易地重建。硬件的改善并不代表原有乡村学校办学底子薄弱的状况立即得以改变。舟山实验小学在整体发展规划的构想下，精心选择了提升学校办学品位的文化项目。

一、基于学校实际发展格局下的项目开发情况

1. 思路形成：注重基础，着眼实践

虽然思路更多的是设想和计划，但思路的形成过程是课程文化建设实施的基础。2016年暑假期间，学校召集校内外教师、学者、课程文化建设专家等就项目建设思路进行讨论，形成并论证项目建设方案，为项目建设的落地奠定了坚实的基础。思路简言之就是"一个中心，两条途径，三种平台，四类条件"。一个中心：特色课程文化。两条途径：各类特色课程文化活动；以特色课程文化创新国家课程校本化实现方式。三种平台：① 学生社团平台；② 名家大家定期授艺平台；③ 动手动脑工坊平台。四类条件：① 组织落实。成立特色课程文化建设领导小组，由学校主要领导任组长；② 人员（人才）落实；③ 经费落实；④ 时间和进度落实（时间表、路线图）。

思路的形成使项目的建设从纸上走向行动。学校成立了由校长任组长的特色课程文化建设领导小组，组建了特色课程文化建设工作小组，进行了明确的分工与工作管理职责培训，积极与共建学校进行互动，启动实施特色课程文化建设。由此，项目建设从构想进入实践阶段。

2. 资源建设：放大格局，有序推进

资源建设是课程文化建设的基础。根据项目建设方案，学校在原有建筑的基础上，建立特色课程艺术长廊、特色课程陈列馆、特色课程学习坊（专

用教室）等物态性学习载体；垒筑特色课程文化信息集成、交流的网络化、活动化平台；开掘特色课程文化各种资料的收集渠道；建立课程实施、文化传承的师资团队；准备特色课程工艺使用耗材，呈现趣味化教学资源，形成既具有文化特色，又具有浓郁课程文化氛围的教学环境。项目实施以来，学校以宽视野、大格局的物态建设理念，精细筹划，分步有序进行。

第一步，指向课程文化的校内物态建设。学校根据课程教学室场需求的紧迫度，首先设计并建设了一个个以特色课程工坊命名的专用教室。室内不仅以展板的形式图文并茂地展示了特色课程的材料、工具、流程、鉴赏等内容，悬挂了艺术大师、非遗文化传承人的介绍，陈列了名家的精品名作，还摆放了工作台。学生在工坊学习，就能充分体验现场带来的真实感和获得感，使学习知识、实践技术、欣赏艺术、传承精神相融相生。同时，学校主动与校外高级导师磋商，综合导师的建议，在校内开辟空间，建成了大师工作室，为学生领略大师精湛的技艺、感受大师高雅的意趣、体会大师诲人的风范提供了条件。另外，学校也设计并建设了纳入校内课程基地物态建设内容的文化廊和陈列馆。

第二步，着眼于开辟校外基地。舟山核雕村与学校仅有一步之遥。学校三分之一的学生就来自舟山核雕村。核雕村是核雕工艺与文化传承的重要基地。学校与核雕村建立良好的联系和互动机制，着眼于核雕课程文化建设。双方就核雕课程文化建设基地、核雕教学实践基地挂牌，基地承担的职责与义务，教学实践服务等事项达成了一致。舟山核雕村已作为核雕课程文化基地，为学校核雕课程文化的建设提供了更加立体的浸润式空间。

第三步，致力垒筑创新集成的资源平台。学校发挥网络的功效，建立了教师资源网络（微信）交流平台。同时，也对核雕文化节、船拳文化节等活动平台进行了相关的设计和打造。

3. 课程文化：不断培育，有效践行

校本课程与课程校本化都要着眼于全体学生。根据学校课程规划方案，在国家课程校本化运作中，为创造性地实施综合实践活动课程，培育、践行特色课程文化形成了三个层次。一是让学生通过动手学到技艺（技艺课程）；二是让学生通过欣赏作品（鉴赏课程），激发才情与趣味；三是让学生得到文化的浸润（艺术综合实践课程），感受博大精深的民族文化魅力，唤醒灵魂深处的爱国之情。因此，我们的课程文化也是按"一体多元"设计的。一体就是学生主体；多元就是让学生能在多种课程内容与课程形式中选择到适合的内容与形式，充分做到"分类分层，必选任选"。

课程文化建设也是学校关注的重点，着眼于课程的有效实施。经过课程专家的多次指导与论证，课程纲要纷纷出台。课程纲要对课时安排、课程背景、课程目标、课程内容、课程实施、课程评价等都做了说明和规定，明确了课程定位，保证了课程实施的时间、空间，以及教学的有效性、评价的可操作性。由此，每两周一节的特色课和每周一次的社团活动正常进行，形成了从普及到提高、从技艺到人文的课程文化螺旋提升的良好态势。

在特色课程实施的同时，学校还关注对课程的德育价值的挖掘，把特色课程纳入公民道德实践活动课程，努力使课程文化走向凝聚与发展。学校已经将特色课程文化纳入少先队特色活动之中。由此，课程文化培育和发展的阵地与载体不断增加并趋于多元，使特色课程文化不断增值。

在课程推进和文化挖掘、培育的过程中，学校对课程师资团队的组建和培养不遗余力：一方面，采用"1+1"的教师团队（1个学校兼职教师+1个校外特聘高级导师）担当课程教学和社团活动指导的任务；另一方面，建立每两周一次的专题教研与课程实施培训制度，邀请课程专家定期来校，通过纲要修订、专业学案研制、课堂观察、标准评估与发展交流、集中讲座等方式，发展教师的课程开发和实施能力，使课程文化在教师的发展中不断生成、建构与传播。

二、基于项目优化推进视野下的行动思考和努力方向

对于项目的建设，学校努力把握以下三个方面：

1. 抓牢核心项目

学校课程项目开发和建设肯定是多种多样的。在众多项目中，学校要抓牢核心项目，着力进行核心项目的开发和建设，不断加强课程自身的文化建设。根据课程实施的实际情况，不断修订、修正课程纲要，完善课程内容，进行教材建设，进行课堂教学方式、实施模式创新研究，建立课程的专题科研机制，使核心课程的建设日臻成熟。

2. 抓实资源建设

学校要充分发挥已经建好的核雕工坊的作用，抓紧进行为本课程特设的其他场馆和各种校外基地、展示平台的建设，竭力进行校内外艺术师资团队建设，保证工艺耗材等所有项目经费的落实等。

3. 抓好增值发展

学校要不断挖掘课程艺术的人文、德育价值，发挥核心课程对其他校本课程的示范引领作用，不断加强核心课程与其他相关课程的互相影响和渗透，

调研并总结核心课程开发产生的社会效应。

第二节 从文化到内涵：乡村小学课程开发的价值诉求

课程文化建设是学校内涵发展的重要途径和载体。舟山实验小学基于学校办学品位提升的迫切需求，特别是教师课程文化意识亟待唤醒的现实，结合学校所处地域独特的核雕工艺资源优势，从核雕活动走向核雕课程，逐步建设核雕课程文化，对核雕课程文化建设的内涵、意义与价值形成了独特的认识。核雕课程文化建设激活了学生的实践和创新潜能，也极大地解放了教师的教学观念，为学校的课程文化建设提供了新的样本。

舟山实验小学的"核雕课程文化"建设项目是江苏省教育厅批准的义务教育课程建设项目之一。学校按照"重点保障、分类实施、整体推进"的原则，有序、有力、有效地开展核雕课程文化建设工作，取得了阶段性成果，得到了省、市、区级教育行政部门的充分肯定与高度评价。实践表明，核雕课程文化建设项目对于学校的内涵式发展、特色发展与可持续发展起到了不可替代的作用。

一、分析学校现实：寻找突破瓶颈的发展坐标

舟山实验小学是随着苏州太湖国家旅游度假区的设立与开发而异地重建的，由原来的两所乡村小学合并而成。新建学校校园环境优美，硬件设施进一步改善，但这并不代表原先乡村小学办学底子薄弱的状况马上就能得以改变。随着区域经济的快速发展和教育现代化步伐的加快，社会对优质教育资源的需求越来越迫切。舟山实验小学亟待通过提高办学水平满足社会的需求，跟上时代步伐。因此，我们认真分析了学校办学的实际情况，分析了阻碍舟山实验小学进一步发展的瓶颈：

一是教师教学观念亟待转变。多数教师对课程改革的理念仍然停留在文本或话语层面，传统教学观念仍占据主导地位，课堂教学实践"以自我为中心"。学生更多是以被动接受的方式进行学习，主体性、能动性受到抑制，创新意识和实践能力培养的土壤缺失。

二是教师专业素养亟待提高。学校教师主要是原来乡村小学的教师，年龄老化；一些新入职的教师尚处于成长和成熟过程中。由于教学观念的陈旧和教学视野的逼仄，教师教学更多凭借的是传统课堂教学的经验，未能及时吐故纳新，专业素养难以适应课程改革发展的需要。

三是教育教学质量亟待提升。一方面,学校尚未健全教学、科研等常规管理制度,实践时常止于制度层面,缺少具体的行动举措,尚未建立起稳定的教育教学质量保障体系。另一方面,教师受专业发展水平的掣肘,使课堂教学的质量无法得到保证。学校教育教学的质量还有很大的提升空间。

四是课程文化意识亟待唤醒。由于长期没有适合学校特点的项目抓手,学校文化建设实际上没有纳入学校工作的整体规划,学校发展的目标、愿景并不清晰、明朗,广大教师也缺少课程文化的意识。

困境意味着挑战。基于学校办学品位提升的自我诉求及上级教育行政部门的前瞻性要求,舟山实验小学以小学特色文化建设的指导思想与项目要求为依据,立足学校实际,用发展的眼光审视并合理汲取中华民族传统文化中的有益资源,为学校内涵式发展寻找并确立新的坐标。

二、聚焦核雕资源:确立内涵式发展的坐标原点

舟山实验小学充分利用核雕资源开展学校文化建设,找准了符合学校自身特点的文化项目。核雕资源的文化优势主要表现在以下四个方面。

1. 香山匠人精神是独特的文化资源

学校所在地太湖香山,历史上曾涌现出无数能工巧匠和工艺大师。"香山匠人"誉满天下,他们的核雕技艺更是精妙绝伦。"中国核雕第一村"——舟山村,与学校仅一步之遥。学校有不少学生来自核雕世家。核雕工艺的精巧、核雕作品的意趣、核雕艺术的品性让学生浸润其中,深受影响。作为国家级非物质文化遗产,核雕工艺已有500多年的发展历史。早在明代,苏州就出现过像王叔远这样的核雕艺术大家。近年来,舟山核雕更是在国内外享有盛誉,宋水官、周建明等一批国家级工艺大师和非遗传承人涌现出来。毫无疑问,核雕连同香山匠人文化共同形成了独一无二的学校文化资源。

2. 核雕文化蕴含了中华文化的精神

小小核雕刀上所表现出来的机敏智慧是苏州文化的典型代表。核雕在苏州工艺文化中,除了有难以复制的"一绝技巧"外,还有那缜密细致、深邃严谨的特质和风格。这一特质和风格与苏州市教育局提出的"苏式教育"要求有着自然的契合点与融合点。

3. 核雕文化浸润的风格课堂体现了苏州特色

学校从对核雕文化资源的挖掘与利用中得到的启示首先是课堂教学改革。课堂是课程实施的主体途径与最佳平台。核雕工艺,如同吴门画派中的散点透视、高远法则、分层、留空、相间等技法原理,能给我们的课堂教学提供

有益的启示与借鉴。苏州教育名家薄俊生的课堂被语文教学研究者总结为一种"疏密有致的布局艺术、欲擒故纵的导引艺术、不露痕迹的渗透艺术"。这些课堂艺术与苏州绘画、苏州刺绣,当然还有苏州核雕,都有异曲同工之妙。

4. 核雕文化的浸润有利于学生习惯的养成

核雕工艺文化与香山工匠精神所表现出来的专注力能对学生习惯的养成起到显著的熏陶作用。要在小小的橄榄核外壳上雕出千姿百态的形象,需要超凡的专注力、耐力与毅力。无数经验与事实都表明,一个人要想成才,把自身的潜能发挥出来,专注力、耐力和毅力是非常关键的。让学生学习核雕是为了让他们体验到其中的苦与乐,从小养成专注地做好一件事的习惯。而习惯的养成正是基础教育中最值得研究与探讨的教育问题。习惯养成是素质教育的核心要素之一。正如教育大家叶圣陶所说,教育无非是让学生养成良好的习惯。习惯需要耐心与长期的积累,从而成为"直觉行为"。

三、构建核雕课程:勾勒文化育人的纵横坐标

核雕资源如何成为学校内涵式发展的坐标原点,进而为学校文化育人勾勒出科学的纵横坐标?舟山实验小学先后经历了三个阶段,逐步构建了核雕课程体系。

1. 阶段一:从核雕活动走向核雕课程

最初,学校是在综合实践活动课程中增加核雕内容,专门请核雕工艺大师为学生授课,并在此基础上成立了核雕社团。核雕社团作为吴文化与学校教育有机结合的典型,曾多次代表吴中区和苏州市进行对外展示交流。2014年6月,参加世界语言大会的联合国教科文组织22国大使及多国教育官员莅临舟山实验小学,对学生现场展示的核雕艺术和核雕作品啧啧称奇、赞不绝口。

无论是综合实践课程中的核雕教学,还是核雕社团活动,都受到了学生的欢迎。以核雕为内容的教学活动与核雕社团活动的开展,不仅积累了大量的核雕教学素材,而且形成了丰富的核雕活动教学经验。经过多年的探索与实践,学校已经具备了开发一套完整的核雕校本教材、形成独特的核雕校本活动课程的条件。经过校外专家和校内教师的共同努力,这套核雕活动课校本教材已经成形并处于逐步完善之中。与之相配套,学校两周一节的核雕课也已作为校本课程正式编入课表。

2. 阶段二：以核雕课程为抓手形成"双线自主弹性课程"

学校在实施核雕课程的过程中，十分重视课程设计和组织的科学性，着眼于核雕课程体系的建构，努力发挥核雕课程对于其他课程的示范引领作用。在实践过程中，学校逐步形成了"双线自主弹性课程"。"双线"是指以核雕课程为核心和引领，书法、音乐、舞蹈、科技等课程分为课内、课外两条线。"自主"是指学生在选修上述课程时具有较大的自主空间。"弹性"是指学校、教师可根据具体情况对课程做必要的调整。即使是核雕课程本身，学校在课程的设置上也充分考虑了弹性与个性的原则：有的侧重于对动手能力的培养，有的侧重于对艺术欣赏能力的培养，还有的侧重于对核雕文化史的学习，从而加深学生对核雕文化的认识与理解。设置"双线自主弹性课程"的目的就是让不同的学生在不同的时间选择自己感兴趣的课内、课外学习内容。课程的实施归根到底是为了学生的发展。在课程实施上，学校既要重视构建国家课程校本化的课堂路径与课堂平台，也要重视通过活动课程与选修课程的创新为学生提供更加开放、自由、多元的学习空间和路径。事实上，由于学生的学习机会多了，表现舞台大了，他们的学习信心得到了增强。而这一点对于舟山实验小学尤为重要。

经过几年的努力，舟山实验小学以核雕课程为原点，在努力提升国家课程教学质量的同时，逐步形成了多元化、全系统的课程架构。在这个全面立体的架构中，国家课程是体现共同要求的、具有基础价值的一维，以核雕课程领衔的校本课程是具有学校特色的、更具延展价值的另一维，二者共同支撑起舟山实验小学学生的全面发展、和谐发展和个性发展。一路走来，我们还意外地发现了学校课程建设的一条有效路径：国家课程校本化—校本课程活动化—活动课程创意化—创意课程常态化—常态课程体系化、科学化、全员化。

3. 阶段三：在核雕课程中逐步形成核雕课程文化

建设核雕课程特色本身不是目的，由特色形成文化才是最终追求。基于核雕课程文化的建设目标，核雕课程文化体现出了以下三个特点：一是主体性。核雕是香山地区的地域文化资源。将核雕课程引入学校文化建设，其着力点就是关注学生兴趣的生发，充分尊重学生的主观能动性，为学生创设自由的学习、实践、交流环境，使学生在课程的实施过程中凸显自我优势，表达自我理解，尽显自我的生动与灵动。二是综合性。核雕课程涉及品德、文学、历史、艺术、劳技等多门学科，充分体现出课程内容的综合性。同时，核雕课程既有对工艺技术的学习，也蕴含着艺术创造与审美情趣培养的目标，体现出目标指向的综合性。三是实践性。核雕课程从根本上说是让学生参与的课程。它需要学生动手又动脑。核雕课程的主要实施策略就是让学生参与、体验、选择、修正、感悟、提高,从而在学生自然放松的状态下激发他们内在的学习热情与智力潜能。

四、形成文化效应:延展师生发展的多维空间

核雕课程既充分激发了学生的主体性,激活了学生的实践和创新潜能,也极大地解放了教师的教学观念,彰显出蓬勃的文化生机。以"双线自主弹性课程"的实践为契机,学校始终秉承一个理念:"与古为新,道器相融"的核雕文化必将成为舟山实验小学由乡村薄弱学校走向现代化特色学校的文化源泉。实践证明,以核雕课程为引领的弹性课程体系化设计与建设成为学校重大项目实施以来,学校在各个方面的发展令人欣喜。从教学质量来看,学生的国家课程学习及相应的学业水平不但没有降低,而且逐步得到了提高。在区域学业水平测试、学习能力测评、教学质量检测等方面,学校多项指标名列前茅。从发展潜力来看,学校在项目带动、课题研究、课程引领、教师培养等方面都得到了区域的认可和主管部门的肯定,作为区"校外专家助推改革"项目副组长单位,牵头区域校本课程选择化、国家课程校本化实施。从教师发展来看,教师的课程能力不断增强,学校的课程规划、校本课程纲要、国家课程学期纲要成为区域样本,1名教师获得全国校本课程纲要设计特等奖,市、区学科带头人的数量也在2年间翻了一番。从学生成长来看,学生在各个领域的获奖数据不断攀升。学生不仅获得核雕创作方面的各种奖项,作为吴文化、非物质文化遗产传承的代表参加各级展示,在舞蹈、合唱、书法等艺术类比赛中屡获省、市、区级金奖,还在全国、省、市级无线电、建筑模型、科学创意等科技创新比赛中多次获得第一名。学生、教师在核雕课程文化的熏陶下,逐步形成了共同的价值认同与目标追求。优质的办学形象正在区域内形成。

如果说,核雕课程只是一种外在的任务,那么核雕课程文化就是一种内在的行为自觉力。文化是什么?文化就是人化。办好一所学校,为的是人,靠的也是人。好学校的要素有千百种,但归根结底还是人的要素最重要。学校作为集中学习的场所,其人的要素表现为三个层面:一是教师层面。课程文化之于教师,就自然演变成为人师表,而为人师表是教师文化的核心内涵。二是校长层面。课程文化之于校长,就是以人为本的管理理念,即把教师的发展、学生的发展看得高于一切。只有发展好教师,才能发展好学生,才能铸就学校的辉煌。校长管理文化的核心内涵就是为教师与学生的共同发展创

造条件。三是学生层面。课程文化之于学生，就是帮助学生树立理想和信念，帮助学生养成坚毅与果敢的性格，促使学生懂得责任与担当。核雕课程文化凝聚了舟山实验小学教师与学生的共识，让他们有了共同的理想信念与价值追求。这是核雕课程的作用，更是核雕课程文化的魅力。如果说核雕作为一种工艺只不过是一种技术、艺术，那么由核雕工艺延伸而来的核雕课程文化就有了精神品位与灵魂高度。核雕课程文化延展了舟山实验小学师生的发展空间，强化了学校的课程能力建设，为学校的可持续发展增添了无限的活力。

苏州香山数百年来传承下来的核雕工艺文化必然可以滋养学生的精神与灵魂。舟山实验小学核雕课程文化建设的探索与实践，所指向和追求的就是对学生精神成长的引领和完整人格的塑造。

第三节 从传承到创造：乡村小学课程开发的活力支撑

一、舟山实验小学核雕课程开发经验

舟山实验小学坐落在苏州太湖国家旅游度假区腹地香山。学校以"至善"为校训，坚持内涵式发展，近年来，着眼于地域文化传承和学校特色项目建设，根据学生身心发展与"融入"发展需求，基本形成了以香山精巧文化为核心的学校文化格局，核雕课程文化则是其中重要的组成部分。

建设和凸显学校的核雕课程文化，一方面能进一步丰富和深化学校文化特色，有利于办学水平的提升和教育品质的彰显；另一方面能使学校、社会、家庭三者深度融合、相辅相成，形成精神文化场，推动"文化立校"战略的实施，最后达成"至善"的办学目标。学校秉承"与古为新，道器相融"的精神，立足传统，彰显现代，聚力于传承与创新，在充分挖掘、优化地域和学校原有教育资源的基础上，让文化之光投射在学校的环境建设、制度建设、团队建设及课程设置与开发等各个方面。

建设与深化核雕课程文化主要围绕四个方面发力。一是全面规划、开发和优化校本课程体系；二是创建课程文化基地；三是精心设计与实施文化环境的物态建设；四是全面引领和带动包括课堂教学在内的教育改革，在学习能力、实践能力、创新能力、审美能力上做足文章，让每一位学生都更加心灵手巧，获得成功体验，在核雕艺术精巧文化的浸润中生动活泼地成长。

(一) 项目含义与特色

1. 项目含义

"与古为新，道器相融"的核雕课程是一门综合性的学校文化建设校本课程，涉及人文、艺术、科学、劳技等多方面内容，围绕核雕历史、核雕人物、核雕技艺、核雕题材、核雕鉴赏等方面展开，其中，核雕历史和核雕人物的教学重在核雕发展史、核雕名家、非遗传承人相关文献的挖掘整理和核雕遗产的寻访、传承、研究、保护；核雕技艺和核雕鉴赏的教学重在核雕技术的学习、核雕工艺的鉴赏等；核雕题材的教学重在核雕题材的选择、核雕作品的构思、核雕内涵的探寻和核雕意境的感悟。学校希望通过丰富多彩的课程内容和灵动适切的学习方式，使学生在实践中发展思维品质，提升艺术素养，提高审美情趣，吸纳文化力量，形成文化自觉。

1. 项目特色

（1）主体性。

核雕课程文化建设的基础是香山地区丰富深厚的地域文化资源。学校始终坚持文化为教育服务的宗旨，充分体现自身在文化特色建设上的自主性，即着眼于师生的发展，关注学生兴趣的生成与发展，充分尊重学生的主观能动性，为学生创设自由的学习、实践、交流环境，使学生能够在文化熏陶中凸显自我优势，表达自我理解，尽显自我的生动与灵动。

（2）综合性。

核雕课程文化建设具有很强的综合性，广泛涉及品德、文学、历史、艺术、劳技等多门学科，体现出课程内容的综合性。它既蕴含艺术创造与审美情趣培养的目标，又关注人文传承与创新能力的发展方向，体现出目标诉求的综合性。核雕课程一方面注重教师的示范和传授，另一方面更加关切学生的尝试、体验、探究，表现出实践能力的综合性。核雕课程建设有效促进了教师、学生、学校、家庭、社会的共同发展，又体现了文化功能的综合性。

（3）实践性。

核雕课程文化建设具有显著的实践性。课程的每一项内容都需要师生动手动脑。如核雕的构思缜密、设计精巧需要在比对和积累中体悟，核雕的细致精妙需要在设计和雕刻中不断体验，核雕材料与雕刻题材的融合需要在灵巧选择、不断磨炼和团队合作中体会。因此，核雕课程文化建设始终体现出主动接受、主动学习、主动探索、主动合作的实践性特征。

（4）开放性。

核雕课程文化建设具有鲜明的开放性。首先是建设主体的开放性。核雕课程文化建设的顶层设计充分征求了专家学者和主管部门领导的意见和建议；而课程的师资以学校内有相关专长的教师为主，在此基础上采用"1+1"的方式，由专家（文化传承人、工艺大师）和校内在编教师进行搭配，保证文化、艺术传承的纯正性。其次是建设途径的开放性。校内外文化传承和创新实践的场所等为课程文化建设提供了开放的时空。

（5）全员性。

核雕课程文化建设着眼于学校文化的整体建设，面向全校师生，依托全校师生，服务全校师生，在课程实施上既体现全员参与性，又关切特长学生的培优需求。学校借助核雕课程教材，编制课程纲要，根据不同年级、不同年龄的学生层次制定教学目标，使所有学生都能在校本课程学习中获得锻炼、感悟和成长。

（二）项目内容

1. 核雕课程文化的物态建设

学校文化历史源远流长，文化积淀十分深厚。校园既体现了苏式古典园林的传统韵味，又蕴含着香山工匠巧夺天工的建筑文化。学校通过与宝带实验小学的交流，学习、借鉴成功经验，在原有建筑的基础上，建立核雕艺术廊、核雕名家精品陈列馆、核雕学习坊（专用教室）等文化景观物态，建设物态性学习载体，呈现趣味化教学资源，形成充分展现文化特色并具有浓郁核雕课程文化氛围的教学环境。

2. 核雕课程文化的常态建设

核雕课程文化建设不是单一的知识传授，而是知行合一，欣赏与参与并行。学校继续加大力量，投入资金，组织编写并应用相关校本教材，以两周一节必修课的方式实施核雕课程，提升学生艺术、思维、审美等方面的综合素养。通过成立学生社团，举行文化节，开设讲座，开展交流会、展示周、论文赛、现场表演赛、作品义卖等活动，激发学生对核雕课程的学习热情，培养学生自主积极学习和巧妙合作的意识。

3. 核雕课程文化的资源库建设

核雕课程文化建设涉及的内容丰富多彩。学校不断整合各种相关的文化资源，依托师生的兴趣、特长，依托学校硬件资源和区域文献资源，进行校外核雕大师、非遗传承人等的资源建档，深度融合学校及社区、家长、专家文化资源，让文化资源库日益丰盈。着眼于校本核雕课程特色化、观照地域文化的发展、考量学生成长的需求，学校建立了核雕名家库，开辟了舟山核雕村、核雕名人馆等校外课程基地，与共建学校、联盟学校共享课程专家资源。

4. 核雕课程文化的网络平台建设

核雕课程文化建设需要有具体有形的成果展示。学校在核雕课程文化实体展示平台的基础上，进一步加强网络平台的建设。首先是建立学习平台，为学生提供现代化的信息服务，拓宽学生的文化视野，开阔学生的文化心胸。其次是开辟微信交流平台，让学生和爸爸妈妈一起加入文化特色建设的课程微信群，随时随地与学习小组的教师、同学交流作品（成果），分享学习资源。再次是创建学校核雕课程文化互动论坛。学校通过这些平台集思广益，分享收获，推进核雕课程文化建设的进程。

（三）项目实施路径

1. 校际联动策略

学校与宝带实验小学紧密联系，虚心学习，主动参与，实现资源共享，促进质量提升；还注重与其他特色项目学校之间的联系与交流，虚心学习，取长补短。

2. 分解实施策略

学校将核雕课程文化建设全面融入各项工作中，促进各项工作的内涵式发展。从物态文化建设到校本选修课程实施，分工成立各个专题项目组，做到人人有项目、项项有人负责，形成分工合作、项目互补的机制。

3. 平台展示策略

学校系统规划组织一年一度的核雕课程文化节活动，让学生有展示自我的平台，积极参加校外的各类展示、表演，主动走出校门，提高创作水平。

4. 以评促建策略

学校从实际出发，分析认识优势和劣势，积极参与相关评比，通过参评，不断提高特色办学水平，提高学校特色文化建设的美誉度。

5. 合作研究策略

学校核雕课程的开发需由多方面的人员合作。学校紧紧依托本校教师，并积极与相关专家、研究学者建立联系，保障课程建设的专业性；同时积极拓展校外资源，寻求社会力量在财力、人力、物力等方面的支持。

附：舟山实验小学核雕课程纲要及教学方案

舟山实验小学核雕课程纲要如表 3-1 所示，具体教学方案如表 3-2、表 3-3、表 3-4、表 3-5 所示。

表 3-1　舟山实验小学核雕课程纲要

课程名称	舟山核雕（属梦想课程"我是谁"系列）				
适用年级	五至六年级	总课时	32 课时	课程类型	香山工艺类
课程简介	作为苏州人，你一定知道苏州的园林，但你知道苏州的核雕吗？苏州舟山核雕被列入第二批国家级非物质文化遗产代表作名录，是一种特有的民间工艺。独特的工艺、丰富的题材、多样的变化体现了苏州人民的智慧和深厚的文化底蕴。该课程能让你认识核雕、动手雕刻、亲近本地工艺大师并欣赏其杰作。				
背景分析	民间传统工艺是我国劳动人民为了满足自己的生活和审美要求，就地取材并付诸手工制作，在现实生活中使用，同时广为流传的审美与实用结合的造型艺术，具有物质与精神的双重属性。苏州舟山核雕是苏州优秀的传统工艺，被列入第二批国家级非物质文化遗产代表作名录，名家众多。 　　将核雕工艺作为我国传统工艺文化的优秀代表融入学校特色课程体系是必要的，也是可行的，能够有效发挥其独特的教育作用。本课程的开发和实施，有利于学生个性和特长的形成，有利于地方传统艺术的传承和创新，有助于学校特色文化建设，对学校课程建设将起到良好的引领作用。 　　学校位于舟山村之侧。许多核雕艺人是课程实施最方便、最丰富的教师资源，舟山村的核雕工场和展示馆则是课程实施最理想的实践基地和教学课堂。学校的很多学生生于舟山村。他们耳濡目染，大多对核雕具有浓厚兴趣，很希望能够对这一传统工艺有更深入的了解，使之成为他们的一技之长。 　　综合上述情况，学校成立了核雕社团，在综合实践活动课程中增加了核雕内容，邀请核雕大师集中授课，具备了良好的课程基础。作为吴文化与学校教育有机结合的代表，核雕社团多次在市区内外展示，获得广泛赞誉，为课程实施提供了持久动力。				
课程目标	通过本课程的学习，学生能够： 　　1. 欣赏家乡工艺大师的核雕作品，感受核雕的艺术价值，学会与别人分享关于核雕的话题。 　　2. 认识制作核雕的工具，了解核雕基本的制作流程，通过适当的练习，尝试学习基本的创作技法。				

续表

学习主题/活动安排	3. 参与有指导的动手雕刻，体验创作的专注、不易与乐趣，表现自己的创意与技巧。 4. 通过作品展示，学会欣赏别人的创作，分享自己的创作体会或对传统工艺的理解。 5. 通过本课程的学习，体会传统工艺的深刻含义，增强为自己的家乡是"核雕之乡"感到自豪的情感。  如上图所示，本课程按四个单元设计： 单元一：认识核雕（6课时） 课时1：分享本课程纲要。教师从苏教版语文八年级下册中的《核舟记》和核雕图片导入。然后给每个小组发一个核雕，让学生分别感受与评论核雕。 课时2：观看大师的雕刻表演（或视频）。教师提前准备大师雕刻视频，或者与舟山村核雕大师联系好，组织学生观看，并讨论。 课时3、4：教师组织学生采访自己周边的核雕工艺师或上网查找核雕历史的相关文献，或者阅读教师提供的一些关于核雕历史的文字材料，撰写至少100字的核雕介绍。各小组分享各自的成果，选择2~3名准备得最好的学生向全班分享。 课时5、6：认识核雕大师。教师通过多媒体介绍从古到今的核雕大师及其代表作品。教师要准备多媒体课件。 单元二：亲近核雕（8课时） 课时7：核雕原料及选料。让学生了解核雕的原料，认识橄榄核原料的分类，了解橄榄核的选料方法。教师要准备不同种类的橄榄核。 课时8、9：核雕工具及刻法。教师展示核雕工具，介绍各种工具的不同用法，使学生了解何种工具适合雕刻何种内容。学生体验不同种类的雕刻方法，为以后的实践做准备。教师要准备好核雕的各种刻刀及多媒体课件。 课时10、11：核雕题材。让学生认识核雕的各种题材，尝试进行核雕题材的设定和勾画。教师要提前准备各种题材的核雕成品。 课时12、13：核雕制作流程。让学生学习制作核雕的流程。教师要提前准备多媒体资源及视频，指导学生体验核雕制作的流程，通过家校联合的方式，为学生提供体验制作流程的环境。 课时14：走进核雕村。教师组织学生实地参观舟山核雕村，体验核雕制作过程。教师要提前联系好舟山村村民，组织学生参观。 单元三：创作核雕（13课时） 课时15—25：动手制作核雕。教师准备好雕刻材料。学生设计画样，动手雕刻。教师要提醒学生设计时注意主题有创意、制作流程基本规范、构思巧妙。教师要辅导学生，提醒学生雕刻时注意安全；要适时提出雕刻意见并指导学生修改。 课时26、27：核雕保养。让学生了解核雕保养的注意点，对核雕作品进行保养。教师要准备多媒体资料及实物。

续表

学习主题/ 活动安排	单元四：展示核雕（5课时） 课时 28、29：展示作品。教师组织学生举行核雕作品展览。教师可以邀请核雕大师参观，并且组织全校师生参观。要提前安排好展览事宜。 课时 30、31：总结与评价。教师梳理总结所学核雕的知识。学生根据所学核雕知识，结合自己创作的核雕作品，自评、互评，评比出最优秀的作品。教师组织评比，准备好奖品。 课时 32：课程回顾。教师回顾一学期的课程内容。学生总结本学期所学知识，谈谈学习核雕的感想和收获。教师要准备好多媒体资料。
评价活动/ 成绩评定	本课程评价分为两个部分：一是学习过程评价，占 40%；二是作品评价，占 60%。 一、学习过程评价 主要依据：对核雕课程的兴趣程度；课堂参与和表现；对核雕知识的了解程度；制作流程规范。 评价方式：通过学生自评的方式评定等级。 **学习过程自我评价表** 请你结合自己的表现，在下列各项中填上最适合你自己表现的等级。表现等级分为 5、4、3、2、1 共五档，其中"5"代表最好的一档，"1"代表最差的一档。 | 题号	题项	等级
---	---	---
1	我对家乡的核雕工艺有浓厚的兴趣	
2	我很好地完成了核雕历史的介绍（历史发展、核雕大师）	
3	我能积极参与课堂讨论	
4	我经常在课外与其他人讨论有关核雕的事	
5	我能比较熟练地使用至少三种雕刻工具	
6	我比较规范地经历了核雕创作的整个过程	
7	我对自己的核雕作品比较满意	
8	我为自己的家乡是核雕之乡感到自豪		 二、作品评价 主要依据：构思新颖，刀工线条，设计比例。 评价方式： ① 学生互评：可以是两人之间，也可以是小组之间相互欣赏、交流和评价。 ② 教师评价：根据学生学习过程的自我评价、同学间的课堂评议，结合学生的作品，给每个学生的作品评定等级。 教师评价参考标准如下： 甲等（51~60 分）：能独立完成单个核雕的设计制作；作品设计具有创新性，设计比例恰当；能熟练运用几种基本的刀工；作品的线条流畅、优美、衔接自然；完成的作品精美。（图1）

续表

评价活动/ 成绩评定	乙等（41~50分）：能在教师指导下完成核雕制作；作品设计能体现自己的想法；能掌握基本刀工；作品线条基本流畅，没有断断续续；完成的作品整体完整，比例协调。(图2) 丙等（40分及以下）：能够在教师指导和与同学的合作下制作简单的核雕；作品设计属于原创；了解刀工刻法，能刻出简单的线条；设计比例基本准确。(图3)    　　图1　　　　　图2　　　　　图3
主要参考 文献	1. 迟锐，黄玉红. 核雕撷美：中国当代核雕艺术品赏玩录［M］. 北京：中国轻工业出版社，2012. 2. 何悦，张晨光. 橄榄核雕把玩与鉴赏［M］. 修订本. 北京：北京美术摄影出版社，2012. 3. 邵婉靓. 核雕在民间的流传及鉴赏［J］. 浙江工艺美术，2004（3）：11-12. 4. "名家悟文玩"编委会. 名家悟核雕：核雕精品赏析［M］. 北京：人民邮电出版社，2013.
备注	以上课程涉及工具操作和校外活动。教师需要注意对学生课前的指导和与校外人员的联系，以保障学生的安全。

（有改动）

表3-2　教学方案示例1

单元	单元一：认识核雕		单元课时	6
主题	认识核雕大师	总课时	2	第1课时
背景分析	我校位于舟山核雕村附近。很多学生对于核雕并不陌生，也会摆弄几下，但是对核雕的历史、大师都了解得不多。本节课将系统地了解核雕大师的生平、代表作品及其历史地位。			
教学目标	1. 学生通过教师的讲解与对相关资料的学习，了解殷根福、须吟笙两位核雕大师的生平及其代表作品。 2. 学生学会欣赏核雕大师的代表作品，感受传统工艺的审美价值。 3. 学生通过了解两位核雕大师生平与其代表作品，了解家乡的传统文化，产生热爱家乡的情感。			

续表

评价设计	（针对上述目标，设计评价任务） 1. 学生能用自己的话，比较流利地介绍两位核雕大师及其代表作品。 2. 学生能就两位大师的某一代表作品说出至少五句话的评论。	
学与教活动设计	一、热身 　　教师：上节课我们了解了核雕的历史，现在我们来一次"核雕知识抢答"游戏好不好？请听！ 　　问题1：核雕距今已经有多少年的历史了？ 　　问题2：你知道我们家乡的核雕大师都有哪些吗？ 　　谈话：今天这节课我们就来专门认识核雕大师，了解他们的生平。 二、活动一：学习核雕大师殷根福 　　1. 殷根福简介。 　　殷根福：苏州著名橄榄核雕大师，吴县舟山村人，其刀法雄健、形简意赅，世称"殷派"。殷根福初学竹雕，继学牙雕，再学核雕。此后，他专事核雕，专雕罗汉头像，使之成为殷氏的独特艺术品。 　　2. 欣赏作品，了解风格。 　　教师出示殷根福作品课件，并介绍。 　　学生了解：殷根福刻制的罗汉头像，挺刀爽劲，厚朴凝重，脸部表情自然，双眼传神，被誉为"殷氏罗汉"。十八个罗汉个个不同，神采各异，形象生动。殷氏开创的罗汉头像与以往的雕刻相比有所创新。殷氏罗汉无须画图，只要吃准五刀，即鼻头一刀、眼睛两刀、耳朵两刀，是为"定位"。 　　学生结合教师的简单介绍谈谈自己对大师作品的感受。 三、活动二：学习核雕大师须吟笙 　　1. 须吟笙简介。 　　须吟笙是近代核雕名家，舟山核雕的代表性人物，写意罗汉头的鼻祖，苏州舟山须派罗汉的创始人。 　　2. 欣赏作品，了解风格。 　　教师出示须吟笙作品，学生欣赏。 　　教师介绍风格：须老作品刀法粗犷、简洁，人物特点抓得准，写实。尤其人物刻画得惟妙惟肖，寥寥数刀即可展现人物风采。代表作有橄榄核雕"杨家将""十八罗汉头""吉庆有余"。 　　学生结合教师的简单介绍谈谈自己对大师作品的感受。 四、课堂总结 　　谈话：这节课学习了什么？你能说说我们认识了哪两位核雕大师吗？他们的作品风格是怎样的？ 　　提问：当你知道家乡出了这两位核雕大师时，你为家乡感到……	（备注或反思） 第二、三环节主要介绍舟山村的两位核雕大师生平及其作品，使学生了解其作品风格，进一步认识核雕的艺术价值。 学生在总结中了解自己对知识掌握的程度，巩固所学内容。
备注	本次教学在室内进行。	

（有改动）

表3-3　教学方案示例2

单元主题	单元二：亲近核雕		单元课时	8
	核雕制作流程	总课时　2	第1课时	
背景分析	舟山村的部分学生虽然会摆弄几下核雕制作技艺，但是对核雕的制作流程大多不熟悉，故本课主要探究核雕工艺制作的流程，帮助学生进一步加深对核雕工艺的认识，同时也能在制作过程的安全方面起到有效的作用。			
教学目标	1. 学生能够初步了解核雕制作的流程，知道核雕制作时需要注意的地方。 2. 学生能够根据所学知识，结合之前学习的内容，设计一张核雕的画样。 3. 学生通过自主学习、动手设计，培养创新能力。			
评价设计	（针对上述目标，设计评价任务） 1. 通过活动一，学生能知道核雕制作的流程，了解核雕制作过程中的注意点。 2. 通过活动二，学生能够设计出创新、精美的核雕画样。			
学与教活动设计	教学过程： 一、导入主题 师：同学们，你们以前做过核雕吗？能说说核雕是怎样制作出来的吗？ 学生根据自己平时做核雕的经验说说自己是怎么制作核雕的。 师：其他同学听清楚了吗？ 生：不是很明白。没听懂…… 师：一些同学可能会做核雕，但是完整的制作流程却不一定知道，所以我们今天就一起来学习核雕制作的流程。 二、活动一：学习制作流程 1. 制作流程。 核雕的制作过程主要有选核、构思、画样、定型、细雕、打磨、抛光这七个步骤。 课件出示各部分过程的详细内容。学生自学。 学生说说核雕制作过程的具体内容和每一部分需要注意的地方。 三、活动二：学习设计画样 师：同学们，我们了解了核雕工艺的制作流程，你们想自己试试制作一个核雕作品吗？ 师：下面我们先一起来观看一段大师创作核雕作品的视频。 师：由于时间和材料的限制，这节课我们就制作到第二个步骤。请你们选择适合自己要创作的核雕题材的橄榄核，再进行画样。		（备注或反思） 教师通过提问使学生意识到虽然自己会雕几下，但是对完整的制作流程并不清楚，从而产生学习的欲望。 使学生明确了解制作核雕的具体步骤，知道各部分过程的注意点。 学生体验核雕制作的其中一个步骤，激发创新意识。	

续表

学与教活动设计	学生先设计好自己想要创作的题材图形,再根据自己的设计选择合适的橄榄核原材料,最后完成画样这一步。 四、课堂总结 学生以小组为单位展示核雕画样。 学生将自己的核雕画样进行展示,通过自评、互评,选出最好的设计。 总结:你从这节课中有什么收获和体会?对于核雕艺术有了什么新的认识?		通过展示、多样的评价方式,学生对学习核雕进一步产生兴趣。
备注	本次教学在室内进行。		

（有改动）

表 3-4　教学方案示例 3

单元	单元三:创作核雕		单元课时	13
主题	动手制作核雕	总课时	2	第 1 课时
背景分析	核雕工艺品的制作具有一个漫长的过程。在学习美术的基础上进行核雕制作能开阔学生的艺术眼界,培养他们的观察力,增强他们的动手能力和思考的主动性。学生在动手制作的过程中能充分感受到舟山核雕的艺术魅力,对核雕这一家乡的传统手工艺有更多的了解。			
教学目标	1. 初步掌握核雕的一些简单技法,增强动手操作能力和创新能力。 2. 了解民族的非物质文化遗产,加深对非物质文化遗产的认识,增强对民族传统文化的认同感,并乐于传承。			
评价设计	(针对上述目标,设计评价任务) 1. 通过活动一,学生能知道核雕制作的流程,了解核雕制作过程中的注意点。 2. 通过活动二,学生能够设计出创新、精美的核雕画样。			
学与教活动设计	一、走进"核雕" (一)初步感悟 师:舟山核雕闻名遐迩。接下来,让我们走进核雕艺术馆,去领略核雕之美。 1. 欣赏图片,谈谈总体欣赏感受。 师:欣赏了这些核雕作品,你有什么感受? 生:非常漂亮。 2. 观察实物,近距离接触核雕,感受核雕美。 师:我们的桌上放着很多核雕作品,请你仔细观赏一下,也可以用手摸摸看。你感觉怎样? 生:雕刻精美,栩栩如生。 师:舟山核雕的作品构思巧妙、雕刻技艺精美,具有重要的艺术价值。		(备注或反思) 教师通过课前欣赏、谈话交流的方式,加深学生对非物质文化遗产的认识和了解,揭示课题。	

学与教活动设计	（二）多角度欣赏 师：同学们，核雕作品小巧精致，方寸之间显奇能。下面，我们进一步深入了解核雕。 1. 辨材质、论题材。 （1）观察橄榄原核，了解有关知识。 （2）说一说题材。 （3）题材小结。 （4）寻核造型。 题材的选择反映出了核雕艺人的想象力和创造力。题材既新颖，又和原核的形状、纹理、材质结合得自然巧妙，据此制作的作品才能具有更高的艺术价值。 2. 观线条、品韵味。 （1）了解线条。 （2）分析韵味。 （三）视频欣赏，了解制作工序 师：小核雕，大世界。核雕大师是如何在小小一粒橄榄核上雕刻出活灵活现的艺术作品的呢？让我们在下面这段视频中找找答案。 师：通过视频欣赏，你知道核雕的制作工序有哪些吗？ 生：有选核、构思、画样、定型、细雕、打磨、抛光七个工序。 二、制作核雕 （一）出示作品，揭示制作工序 师：今天我们也来做一做，完成构思、画样、定型这三步。 （二）欣赏学生作品 教师展示几个学生作品，介绍核雕作品呈现的效果。 师：同学们，我们来看看陶泥核雕作品，是不是也漂亮，上面雕刻了叶子、寿桃等。 （三）画纹样 1. 说一说你想雕刻的题材是什么？ 师：如果让你来雕刻，你想设计什么纹样？ 师：我们可以从简单的纹样（如树叶、水果等）入手。 2. 学生用2分钟时间画纹样，教师巡回辅导。 师：因橄榄核是立体的，纹样要根据核的走向绘。设计纹样的时候尽量画得大点（简洁，依形而画）。下面老师给大家2分钟的时间完成纹样的设计，现在开始。 （四）学习雕刻方法 1. 观看示范视频，了解制作过程及方法。	教师提供图片、实物供学生欣赏，让学生初步感知核雕艺术。 教师从辨材质、论题材、观线条、品韵味四个方面介绍核雕艺术。 学生通过作品欣赏、视频欣赏，了解核雕作品效果，运用多种方法制作核雕作品，增强动手能力和创新能力。

		续表
学与教活动设计	师：纹样我们画好了，接下来要进行雕刻了。我们来看看视频中大师是怎么做的。左手握核，右手握刀，按照花样轮廓线运用平口刀刻下去。雕刻的时候从小面积入手，以防刻坏。右手用力均匀，慢工出细活。随着雕刻走势变换左手握核方法。千万注意手指不要放置在刻刀前面，不要刻到手上。 2. 图片分解制作要点。 师：同学们，你们学会了吗？我们来归纳一下主要的几种雕刻方法。 生：刻、铲、挖、掏。 师：其实方法就是由外向内，一步步减去废料，突出作品立体感。最后老师再次提醒，把核放置在桌面上，用手指固定，左手指不要放置在刻刀前面，右手用力不要太大，注意用刀安全。 （五）学生作业，师巡回辅导 三、展示核雕 1. 教师将中国结和核雕作品穿连好，挂在木架上展示。 2. 请学生说说有什么收获。 四、拓展延伸 师：同学们，核雕艺术是我们的宝贵资源。苏州有着许多非遗项目，大家知道有哪些吗？ 生：苏绣、苏扇、昆曲…… 师：同学们知道的可真多。现在很多非物质文化遗产课程都走进了我们的校园。希望大家学好知识，利用好身边的各种资源继续探索。	学生采用自评、互评的方式评述作品，进一步加强对雕刻技法的认识，增强审美能力。 将知识延伸到苏州的非物质文化遗产，拓宽学生的视野。
备注	本次教学在室内进行。	

表 3-5 教学方案示例 4

单元	单元四：展示核雕		单元课时	5
主题	展评与总结	总课时	2	第 1 课时
背景分析	通过一学期系统的课程学习，学生不仅对核雕的历史发展有了一定的了解，同时也对核雕有了更全面的认识，甚至亲身体验了制作核雕。本节课的开展是为了检验学生这一学期的学习情况。学生在评价和总结中能体会到收获成功的喜悦。			
教学目标	1. 学生能展示本学期所学知识及制作的核雕作品。 2. 学生能够根据所学知识，通过自评、互评的方法评价同学的作品。 3. 通过评价、总结，学生能够体会到成功的喜悦，从而对核雕产生喜爱之情。			

第三章 课程开发能力建设

续表

评价设计	（针对上述目标，设计评价任务） 1. 通过复习回顾，学生能了解自己对本学期所学知识的掌握程度。 2. 通过活动一、活动二，学生能对作品做出合适评价，并提出修改意见。	
学与教活动设计	一、复习回顾 师：同学们，通过这一学期的学习，你对核雕有哪些认识呢？ （学生结合所学知识，从历史、核雕大师、核雕原材料、工具、题材、制作流程及保养等方面发表意见） 师：看来同学们对理论知识掌握得不错。那么接下来我们一起来办一场展览，展示自己的实践成果。 二、活动一：展示作品 师：现在老师发给大家每人一颗五角星。同学们在参观作品时，将手中的五角星放在你认为最好的作品下面。 学生将自己的核雕作品（或者核雕画样设计稿）依次放在展台上，并做介绍。 全部作品介绍完毕之后，学生开始参观，将手中的五角星放置在自己认为最好的作品下面。 三、活动二：评价作品 师：请大家说说你为什么会投给这个作品？有投给自己的同学吗？ 学生根据自己投票的实际情况，说说原因，指出作品中优秀及不足的地方，并提出修改意见。 教师根据学生评价及其提出的修改意见做出适当的评价，以鼓励为主。 四、课堂总结 师：同学们都说得非常好。看来大家对本学期所学的内容掌握得不错。 接下来我们就给得到五角星最多的同学颁奖。 总结：从这节课中你又有了哪些新的收获和体会？在接下来的核雕艺术之路上，你还有哪些设想？	（备注或反思） 通过总体的复习，了解学生对核雕的整体掌握程度。 学生展示并介绍自己的作品，增强自信心。 使学生在评价中互相学习，获得其他同学和老师的宝贵意见。 鼓励学生，让学生体会到本学期所学知识的实用性。
备注	本次教学在室内进行。教师准备好奖品。	

（有改动）

二、越溪实验小学船拳课程开发经验

越溪实验小学始建于1913年，地处吴文化的发源地越溪古镇。这里自古就是人文荟萃之乡、文化繁荣之地。学校越溪船拳文化建设始于2008年，2018年获评苏州市校园特色文化建设项目。学校将越溪船拳文化建设视为助推改革与发展的强大动力、打开工作新局面的有力抓手及建设文化特色学校的难得机遇。学校践行项目计划，秉持"行健如虹"的教育哲学打造文化底色，着力传承与发展，在物态建设、课程建构、常态建成、平台建立、机制健全等方面进行了有效的探索和实践。

（一）追根究底式地挖掘——认识自己

越溪实验小学是一所百年老校，2005 年获评江苏省实验小学。尽管搬入新校区的越溪实验小学硬件焕然一新，但学校依然存在着阻碍自身进一步发展的瓶颈：教师教育观念亟待转变，教师专业素养亟待提高，课程意识亟待唤醒，文化发展意识亟待觉醒。2008 年，越溪船拳文化进入学校视野并成为撬动学校文化发展的支点。越溪船拳文化的优势主要表现在以下几个方面：

1. 越溪船拳文化呈现出根植吴地的独特气质

悠悠越来溪，往事越千年。地方志记载，越溪是一个有着 2 000 多年历史的古镇。这里西倚七子山，北临石湖，南环太湖，是吴越争霸时期重要的军事基地。既可克敌制胜又可强身健体的船拳兴盛于军中，后来逐渐流入民间，并发展成具有越溪独特地方特色的文化现象，历经 2 000 多年沧桑，流传至今。越溪船拳，扎根吴地，植根于厚重的历史积淀中，植根于生动的民众生活中，诠释了保家卫国的担当和强身健体的自爱，也增添了一抹人文吴中的英雄气概。

2. 越溪船拳文化体现着古韵今风的传承智慧

越溪船拳随时代的变迁不断进化，与时代的发展激荡相融。在春秋战国时期主要用于水军作战，而后成为渔民防御强盗渔霸的拳术，渐而演变为一种民众强身益体的运动，并成为一种艺术表演的形式。如今，越溪船拳是江苏省体育类非物质文化遗产，是苏州石湖地区（越溪）节日庆典不可或缺的文化表演内容。

3. 越溪船拳文化彰显出吴地君子的人文风范

越溪船拳是江南船拳的代表流派。就起源而言，船拳是抵抗侵略的御敌之术；就拳术而言，船拳具有"观六路，听八方""稳下盘，强基础""入于内，出于外""以不变，应万变""因其器，施其用"等特点。因此，在学习船拳的过程中，学习者必须立足自身，稳重而不失灵活，坚定而懂得顺势。这与苏州（吴中）人兼具家国情怀、健康向上、广文博雅、创新包容的形象高度契合。

4. 越溪船拳文化表现出学校教育的体验特色

船拳的学习，自古是师徒对应，口口相传，手手相授。学拳的人只有在师傅的指导下，仔细模仿，在实际的环境中（在水中行驶的船上）练习，并不断揣摩、体验、总结，经历了"做"的过程，有了感性的认知和实际操作的体验，才能从中把握船拳的精妙。学校如何顺应学习的规律，使学科核心素养培育在课堂中落地，使培养目标能够真正达成？船拳文化学习与传承的体验特质给了学校教育诸多启示。

习近平总书记指出，坚持扎根中国大地办教育。越溪船拳文化携带着自信和从容，扎根在吴中千年的厚重历史中，发展在与时俱进的时代洪流中，繁荣在吴地深厚的人文底蕴中。通过对越溪船拳文化的探寻、挖掘和审视，学校认为越溪船拳文化的精神内核与学校校训"行健如虹"的特质形成了对应和互通，由此，以"行健如虹"为教育哲学的学校内涵式发展的新坐标系确立。

（二）承前启后式地培育——实现自己

越溪船拳文化如何成为学校新时代发展的坐标原点，进而为学校文化育人勾勒出科学的纵横坐标？以环境、课程、平台三维联动模型为抓手，对越溪船拳文化课程进行承前启后式的培育成为基本路径。

1. 启动物态建设，营建课程基地

物态环境是文化项目培育不可或缺的条件，课程基地更是为特色文化项目的培育和学习提供了教学的真实情境，成为越溪船拳文化教学环境建设的重要内容。"中心+展馆+基地"是越溪船拳文化物态环境建设的基本格局。

（1）成立越溪船拳文化研究中心。在探寻、挖掘船拳文化的同时，学校建立了越溪船拳文化研究中心，由越溪船拳传承人、文化学者和高校教授及学校校长、分管副校长、教师组成研究小组，主要负责对越溪船拳文化进行抢救式的挖掘和研究。该研究中心为越溪船拳文化的发掘和研究提供了专用的空间、专业的人员和专有的物质基础，也为越溪船拳文化价值的提取和项目的发展及其功能的开发和应用发挥着指挥所的作用。基于研究中心取得的成果，2010年国家体育总局体育文化发展中心在越溪船拳文化研究中心挂牌，建立了"江南船拳文化研究中心"。越溪船拳文化研究中心申报的国家体育总局研究项目"江南船拳文化的挖掘、整理与开发"通过对江南船拳文化的挖掘、整理与开发，使这一独特、优秀的拳种得以传承，为学校教育提供了新的文化动力。

（2）建设船拳文化馆（课程基地）。文化的培育和传承需要浸润，需要环境的建设和氛围的营造。2013年，学校规划建设了船拳文化馆。船拳文化馆展示的内容以文献资料研究和民间走访成果为基础，包括越溪船拳的起源、历史发展、传承人情况、拳术套路和常用器械及学校就船拳文化培育开展的相关活动和课程建设情况等。馆内还陈列了众多实物，有一艘当年打船拳用的实木双橹快船，有当年各村各舍拳手表演用的彩旗，有船拳常用的器械，如石锁、石臼、棍、刀、鱼叉等。基地的建设使课程和文化生动了起来，也使课堂教学的样态更加鲜明和鲜活。

（3）拓展学习实践基地。越溪船拳文化的根在越溪，学校文化育人的空间也应该有更广阔的天地。为此，在课程基地的建设上，学校不仅着力于校内文化展馆的打造，还把课程基地延伸到了船拳传承人吴根宝老人的家里，延伸到石湖景区（吴越争霸的主战场），延伸到旺山村（村里很多人会打船拳），延伸到苏州大学民族体育学院和苏州职业大学船拳研究办公室，为学生触摸、感受、展示船拳文化提供了多元的环境。

除此之外，学校也注重在校园整体氛围的营建中突出和铺展船拳文化印记，使船拳文化与学校可视环境和谐相融。

2. 设置船拳课程，加强课程建设

越溪船拳文化建设立项后，学校在建立和发展越溪船拳社团的基础上，规划并设置了越溪船拳这一校本课程，不断规范课程建设操作流程，着力把船拳课程打造成本校的样本课程。

首先，学校在课程导师的指导下，进行船拳课程纲要的研究和撰写，对课程目标与课程内容的安排、课程教学的方式和课程评价进行科学设计。经过几轮修改和调整，船拳课程纲要逐渐完善，课程设计更加专业。

其次，学校进行教学内容的整理，通过文献查阅和走访记录，请教材编写经验丰富的专家主持，请苏州大学罗时铭教授团队共同参与，根据课程目标，编写《溪小拳影》教材。《溪小拳影》介绍了船拳的由来、特点，记录了挖掘的古拳谱，还收录了部分在越溪流传的船拳故事和学生在学习船拳过程中自创的童谣。《溪小拳影》分为上、中、下三册，分别适用于三、四、五年级教学。本套教材为全面实施越溪船拳课程教学提供了内容依据，也保障了学生对于船拳知识、文化的学习。《溪小拳影》获苏州市中小学优秀校本课程（教材类）二等奖。越溪船拳课程被江苏省教育厅评为省级教学成果奖二等奖。

再次，学校积极寻求校本课程师资，确定教学基本方式。船拳是江苏省级非物质文化遗产，地域性强，文化性突出，一般教师不能胜任教学。因此，学校尝试采用外聘专家和本校教师组合的方式进行教学。罗时铭教授团队则主要负责对船拳文化的深度开发，培训教师团队。他们积极寻找民间船拳高手,定时到校辅导,重在培养苗子,深度挖掘船拳文化,成功将吴文祖副校长培养成越溪船拳的专业教师及苏州市非物质文化遗产传承人,具体负责船拳文化的研究和指导。同时,学校体育教师团队扩大为专业师资后备队,负责船拳的日常教学管理。在教学方式上,专业教师突破了以知识传授为中心的教学,让学生亲身通过实践获得体验和感悟,教学方式更加灵活多样。

最后,学校努力变革课程评价方式,根据课程目标、教学实践项目对学生实行自评、互评相结合的评价;同时关注学生课程学习积极性和参与船拳文化活动情况,对学生进行过程性、展示性评价:评价更加客观、多元。

立项以来,扎实的课程实施带来了丰硕的船拳学习成果。越溪船拳社团荣获吴中区"十佳红领巾小社团"称号、苏州市"十佳社团"提名奖。

3. 加快平台建设,促进交流提升

在越溪船拳课程建设过程中,学校着眼于船拳文化的传承、发展和培育,不断进行课程平台建设和完善,以此促进船拳文化的交流,使文化育人的功能逐步展现。

(1)设立船拳文化艺术节。从2010年开始,每年5月学校会举行船拳文化艺术节活动。艺术节活动长达一个月,使课程的外延扩大,使文化的浸润形式更加丰富,通过走访、阅读、艺术展现和船拳比武的形式,使文化育人的成果初步显现。

(2)开展"走进+"活动。学校成立了船拳文化表演队。船拳文化表演队每月由越溪船拳传承人带领,走进社区、走进实践基地、走进高校、走进文化景区、走进文化艺术表演场所。"走进"的过程是展示理解和实践、展现感受和领悟的过程,"走进"的过程也是交流、宣传和发扬的过程。船拳文化表演队不断在各类活动中亮相,受到各界好评。

(3)建设线上平台。学校网站和学校微信公众号两个线上平台都设立了越溪船拳文化的专栏。这两个专栏不仅可以展现越溪船拳文化项目的建设情况,还能通过线上交流,促进项目的实施和船拳文化的发展。

船拳文化课程的培育历时十年,丰盈了船拳文化的内涵,开辟了越溪船拳文化传承和文化育人的新途径。2010年,学校被评为越溪船拳传承单位,2012年被评为全国中小学中华优秀文化艺术传承学校。2019年2月,苏州日报刊文《吴中区越溪实验小学船拳特色活动情况纪实》,对学校开展船拳项目进行了展示;3月,苏州电视台《社会传真》栏目播出学校特色教育专题节目《拳"船"十年,越来溪畔功夫娃》。苏州多家媒体也介绍了学校船拳特色情况。学校接受了江苏省示范性体育传统项目学校、示范性青少年奥林匹克体育俱乐部实地抽查，受到了江苏省体育局评审专家组的好评，被苏州市教育局评为苏州市体卫艺先进集体。

（三）目标愿景式地践行——超越自己

在持续研究和传承越溪船拳文化的历程中，文化效应不断显现，使学校文化育人的整体构想愈加清晰，培养"行健如虹"少年的目标更加明确，课程形态和育人方式更加明晰且科学。这标志着学校文化发展的整体格局逐步形成，以越溪船拳文化为支点的学校内涵式发展迎来高品质建设新时期。

1. 课程体系日渐完善

学校汲取越溪船拳文化的精神特质，提出了培养"行健如虹"少年的目标，勾勒了以"养德、修文、强身、博雅"为主要内涵的毕业生形象，并相应地进行学校课程规划的研制，开发了生活德育类、学科拓展类、文化特色类校本课程，不断建构并完善学校课程体系，逐步形成了多元化、全系统的课程架构。在这个全面立体的架构中，国家课程是体现共同要求的、具有基础价值的一维，以船拳课程领衔的校本课程是具有学校特色的、更具延展价值的另一维，它们共同支撑起越溪实验小学学生的全面发展、和谐发展和个性发展。

2. 体验教学有效实施

借鉴越溪船拳文化教育方式，体验教学首先在德育中得到应用。基于"养德"要求，结合学生的年龄特点和小学教育特点，学校提出了好习惯培养教育，在具体推进的时候就运用了角色体验的方式，通过各种实践活动和节庆活动，以体验的方式育美、育德、育心，取得了非常好的效果。通过教学实践，教师发现在具体的学习中，如果能够带领学生在真实的情境中激活经验，通过挑战性的任务引领学生经历学习的过程，学生就能学得更加扎实，较好地进行迁移学习。如今，体验教学已经成为学校教育教学的基本方式，"体验与发生""体验与建构"也已经成为教师课堂教学的研究焦点所在。

3. "溪小学者"成为追求

学校从越溪船拳文化建设发展的坐标系中看教师的成长，从苏州这一有着崇文重教传统，历来是文化与教育高地的城市背景来定义教师的成长，努力将教师培养成更加专业的、"传承人"式的教育者，倡导教师以自己的德行、学养成为育人的楷模。为此，学校注重培育教师情怀，丰富教师学识，增强教师能力，制订成才计划，以"溪小学者"为引领，促进教师成长。

4. 多维校园整体规划

把课程基地建在校园里，把学校文化融进课程中，把教育教学和学生的生活日常相融，把文化浸润和品性培育融于昂扬向上的精神面貌中、融于彼此关心的亲密中、融于努力奋斗的行动中，把校园建设成情趣盎然的花园、学习型空间和师生精神的家园，这是学校整体规划、努力践行的目标。

5. 共同体办学促进发展

从越溪船拳课程文化建设方案设计到启动实施，学校专门成立了项目组，明确分工和责任，不断实践，不断改进，不断优化。其间始终受到上级部门和共建学校的倾力支持和帮助，受到文化学者及高校专家的指导和帮助，受到课程专家和校园文化建设专家的有效引领。由此，学校领悟到，教育不是孤岛，需要用"关系学"来定义边界，从而确立了学校、家庭、社会、政府、专家五位一体的共同体办学的发展理念。

项目在推进，学校也在发展。在回顾和反思的过程中，学校发现，目前文化建设的整体性、鲜明性和系统性还不够，因此还要从以下几个方面继续努力：

一是抓实学习。学校要不断在学习中统一思想、增强意识，掌握教育前沿的新观点、新思想，主动跟踪研究前瞻性教学改革的方向和高品质学校建设要义，对学校文化建设的意义进行全面而深刻地理解。

二是抓牢核心。学校要抓住越溪船拳课程文化的核心建设内容，实施模式创新研究，建立课程的专题科研机制，使船拳文化的挖掘和培育走向纵深，使学校文化建设的内涵挖掘更加深入。

三是抓好统整。学校要不断加强越溪船拳课程与其他相关课程的互相影响和渗透，在不断统整中将船拳课程文化建设与学校文化建设逐步打通，使学校文化建设的整体性和一致性不断加强，成为学校发展的助推器。

四是抓紧挖掘。越溪船拳在我们发现并开发的时期，就已经是孑遗文化了。近几年，学校积极开展的抢救性保护和传承工作已经取得了阶段性成果。今后学校要继续深入挖掘越溪船拳文化，将更多的相关文化保护好、传承好、利用好，使项目建设成为学校文化建设的重要推动力，使学校文化建设的鲜明性不断彰显。

附：越溪实验小学船拳课程纲要及教学方案

越溪实验小学船拳课程纲要如表 3-6 所示，具体教学方案如表 3-7、表 3-8、表 3-9 所示。

表 3-6　越溪实验小学船拳课程纲要

课程名称	越溪船拳				
适用年级	三至五年级	**总课时**	16 课时	**课程类型**	兴趣特长类
课程简介	越溪船拳是越溪实验小学立足校情，从学生的兴趣出发，自主开发的校本课程。教材是《溪小拳影》。越溪船拳是越溪特有的一种武术拳种，是江南船拳的代表性套路。船拳是武术，更是民间娱乐文化的重要内容。学生在学习该课程的过程中，不仅能获取知识，还能锻炼身体，增强体质，培养战胜困难的品质和顽强的毅力，培养团队意识。该课程是一门集德育、美育、体育于一体的综合课程。				
背景分析	越溪船拳是越溪特有的一种武术拳种，是江南船拳的代表性套路。 　　江南船拳是流行在我国江南水乡的一种拳种。江南，一般指包括苏南、浙北和上海在内的长江三角洲地区，其中以太湖为中心的吴文化地区是江南的主体和核心。越溪便处于这个核心地区。太湖流域自古就有习武的风气。以越溪船拳为代表的江南船拳就是这一文化土壤中的一颗耀眼的明珠。江南船拳大约产生在中国的明代。其源头有三个方面：一是与太湖地区百姓的舟船生活密切相关，正所谓"吴人以舟船为艺，出入江湖，动必以舟"；二是与古代吴越水军的训练活动相关，如历史上有会稽太守朱买臣"治楼船击破东越"的记载；三是对外来拳种的消化吸收，所以船拳拳谱中常有"小罗汉""五虎拳""岳家手"等名称。 　　越溪船拳是武术，更是民间娱乐文化的重要内容。明清时期，农历八月十八日，在苏州城外的石湖，船拳活动尤为热闹。据说那一天湖面河心，轻舟快橹，往来如飞，标旗飘扬，鼓乐齐鸣。方圆百里的乡人均驾着各自经过装饰的大小船只，集中在石湖的行春桥下观看拳师们为争夺正标旗而展开的比武。 　　江南船拳最早是人们习武健身、防身自卫的手段。在后来的发展中，它更多地表现为一种休闲文化，成为民间文化中一项重要的娱乐项目。这也许就是江南船拳能在江南水乡流传甚广且绵延不绝的原因。				
课程目标	1. 了解越溪船拳，学习船拳的基本套路，学会四方拳、筱红拳、八黑拳三套拳法。 2. 通过学习，发展力量、协调、灵敏等素质。 3. 培养热爱生活、热爱家乡的情怀和积极思考、勇于创造、发现问题、解决问题的能力。				

续表

	课程单元	单元内容	课程目标	实施要求	课时
学习主题/活动安排	第一单元	初步了解船拳	了解船拳的基本动作手形及步形	所有三年级学生都能掌握	1
	第二单元	学习四方拳	学习并掌握四方拳预备—第6式的动作	98%的三年级学生能熟练掌握四方拳的所有动作	1
			学习并掌握四方拳第7—12式的动作		1
			复习并熟练掌握四方拳预备—第12式的动作		1
			学习并掌握四方拳第13—17式的动作		1
			清晰记住全套动作名称及各式动作		1
	第三单元	学习筱红拳	学习并掌握筱红拳第1—4式的动作	98%的四年级学生能熟练掌握筱红拳的所有动作	1
			学习并掌握筱红拳第5—8式的动作		1
			学习并掌握筱红拳第9—13式的动作		1
			学习并掌握筱红拳第14—18式的动作		1
			清晰记住全套动作名称及各式动作		1
	第四单元	学习八黑拳	能记住并做出八黑拳第1—2式的名称及动作	98%的五年级学生能熟练掌握八黑拳的所有动作	1
			能记住并做出八黑拳第3—5式的名称及动作		1
			能记住并做出八黑拳第6—8式的名称及动作		1
			能记住并做出八黑拳第9—10式的名称及动作		1
			清晰记住全套动作名称及各式动作		1

续表

评价活动/ 成绩评定	一、评价内容 评价依据三维目标，主要评价学生对知识与技能的掌握情况，学习方法与过程的体验情况，情感、态度、价值观的形成情况等。本课程活动以展示为评价的重要方式，通过汇报演出、版面展示的形式，将学生的收获展示出来，以提高学生的学习积极性与主动性。 评价内容： 1. 学生对该课程的兴趣程度。 2. 学生在学习过程中的表现，如自主性、合作性、探究性、过程体验情况等。 3. 学习的效果，个性发展情况，人格塑造情况。 二、评价方式 1. 自我评价：教师确立评价项目和评价方法后，学生对自己在课堂活动中的表现进行自我评价。 2. 相互评价：同桌之间、小组之间通过多种途径进行交流、评价。 3. 教师评价：教师通过观察、交流、学习过程中的情况记录结果，以及各种形式的问卷、作业等对学生进行评价。 三、评价结果 教师根据每个学生参加学习的过程表现及完成作业的情况等进行综合评价。评价结果分为优秀、良好、合格、待努力几个等级。
备注	

（有改动）

表 3-7　教学方案示例 1

__四方拳__ 单元　第 __5__ 教时　　　　　　　　　　　　执教者：张晓红

学习阶段	三年级
学习目标	1. 复习巩固四方拳，进一步了解和掌握四方拳的全过程及动作要领 2. 通过练习能完成弓步—虚步—马步的熟练转化，发展力量、协调、灵敏等素质 3. 培养在活动中积极思考、发现问题、解决问题的能力和勇于创新的优良品质
学习内容	1. 校本教材：船拳 2. 游戏
重点、难点	重点：弓步—虚步—马步的熟练掌握 难点：动作到位

续表

阶段	步骤	意图	教师活动	学生活动	组织安排	运动负荷 次数	运动负荷 时间	运动负荷 强度
活动身体 扮演角色	1. 课堂常规	建立良好的师生关系	1. 问好	1. 四列横队站立	四列横队 ○男生 ●女生 △教师	1	30″	小
	2. 队列练习。立正，稍息，三面转法。反口令练习	步入正堂	2. 喊口令	2. 听口令，集体练习		5	30″	小
	3. 慢跑		3. 带领学生慢跑	3. 跟随教师慢跑	体操队形	1	2′	中
	4. 准备活动：扩胸、体转、腹背		4. 带领学生练习	4. 跟随教师进行练习	教师带领	1	2′	中
	5. 游戏：剪刀、石头、布		5. 边示范，边提示	5. 模仿跟做	输的做3个立卧撑	8	1′	中
合作探究 自我尝试	复习四方拳 1. 听教师口令练习		1. 喊口令。复习功架拳	1. 听口令复习功架拳	体操队形 ○男生 ●女生 △教师	1	2′	中
	2. 集体练习		2. 组织集体练习	2. 集体练习		3	3′	大
	3. 分组复习四方拳	体现学生的自主学习能力	3. 组织分组练习四方拳	3. 在组长带领下分组练习四方拳	八小组分组练习队形	3	2′	中
	4. 提出难点：弓步—虚步—马步		4. 组织集体练习四方拳	4. 集体听口令练习四方拳		2	1′	小

续表

阶段	步骤	意图	教师活动	学生活动	组织安排	运动负荷		
						次数	时间	强度
合作探究 自我尝试	5. 集体练习弓步—虚步—马步	体现学生的个性差异	5. 请做得好的学生演示，总结动作	5. 个别学生演示动作，敢于表现自我	集体练习的时候采用体操队形	3	2′	大
	6. 分组练习		6. 引导学生在小组长带领下，分组练习	6. 分成八组体验重难点：弓步—虚步—马步		10	4′	大
	7. 小组展示		7. 继续组织分组学练，让学生重点体会动作的连续性	7. 分组练习，一个做动作，其余学生观察，帮其指出不足并纠正	小组展示时采用半圆的形式	3	30″	小
拓展能力 激活思维	游戏：障碍跑 1. 分组试练 2. 加大难度分组游戏	让学生学会团结协作，积极探索，共同提高	1. 演示动作方法，并组织学生尝试 2. 讲解游戏方法 3. 组织学生尝试游戏比赛	1. 积极参与学习 2. 遵守游戏规则 3. 积极参与游戏比赛，争取优异的成绩	分成八组进行游戏	4	4′	大
放松身心 交流总结	1. 放松练习 2. 小结 3. 请船拳队成员进行表演 4. 回收器材 5. 下课		1. 与学生一起跟随音乐放松 2. 询问学生有关本课的收获 3. 组织表演 4. 组织回收器材 5. 宣布下课	1. 和老师一起跟随音乐放松 2. 积极举手谈自己的体会 3. 船拳队成员进行表演 4. 个别学生回收器材 5. 回教室	散开，2~3人一组围坐在一起 集合	1	1′	小

第三章
课程开发能力建设

续表

| 场地器材 | 1. 呼啦圈8个
2. 圈8个
3. 袋子8个
4. 扩音器1个 | 预计效果 | 愉悦率：98%
练习密度：53%～57%
平均心率：130次/分
学习效果：
优秀：50%。良好：48%。
合格：2% | 教学反思 | |

表 3-8　教学方案示例 2

　筱红拳　单元　第 _1_ 教时　　　　　　　　　　　　　　　　执教者：张晓红

学习阶段	四年级
学习目标	1. 学习筱红拳第1—4式动作，知道动作名称、方法和要求 2. 通过观察、模仿、互相交流、尝试学习，增强参与学习的意识和互帮互助的能力 3. 培养对船拳学习的兴趣，崇尚武德
学习内容	1. 校本教材：船拳 2. 跑：往返跑
重点难点	重点：学会筱红拳第1—4式动作 难点：动作正确、路线清晰，手形、步形正确、到位

阶段	步骤	意图	教师活动	学生活动	组织安排	运动负荷		
						次数	时间	强度
活动身体 扮演角色	1. 集合整队 2. 师生问好 3. 宣布内容及要求 4. 队列：原地踏步 5. 慢跑：自然地形跑 6. 准备活动：徒手操	建立良好的师生关系 激发兴趣，活跃身心	1. 组织并观察学生 2. 与学生进行简单问候 3. 导入本课主题 4. 喊口令指导学生练习原地踏步 5. 组织学生一路纵队慢跑 6. 通过音乐、口令、示范带领学生一起做徒手操	1. 集合整队 2. 向教师问好 3. 明确教学内容 4. 听教师口令练习原地踏步 5. 跟着教师一起慢跑 6. 与教师呼应，跟随教师做徒手操	四列横队 四列横队 体操队形 分散队伍	1 2 1 1	30″ 1′ 1′ 2′	小 小 小 中

195

续表

阶段	步骤	意图	教师活动	学生活动	组织安排	运动负荷 次数	运动负荷 时间	运动负荷 强度
合作探究 自我尝试	1. 复习：手形、步形	体现学生的自主学习能力	1. 复习已过的手形、步形	1. 和教师一起复习并做出动作	集体练习	1	2′	小
	2. 新授筱红拳第1—4式动作	掌握技术动作，体现学生的个体差异	2. 组织集体学习敬礼	2. 跟着教师动作模仿学习				
			3. 指导学生分组看着图解尝试自己学习	3. 分成八组，在小组长带领下分散尝试学习动作	分组分散练习			
			4. 组织集体练习，展示这4个动作，指导，纠正错误	4. 集体展示，并改进动作，纠正错误		3	2′	中
			5. 讲解示范动作路线，将4个动作串起来	5. 认真听，仔细看，并且跟着老师一起做	集体练习	1	2′	中
			6. 组织分组分散练习	6. 组长带领分散练习	分散练习	6	3′	大
			7. 请个别学生展示动作，赞赏，鼓励	7. 积极进行自我展示		3	30″	中
			8. 组织集体练习，巩固提高	8. 集体展示第1—4式动作		5	2′	大
拓展能力 激活思维	1. 游戏：往返跑	团结协作，积极探索，共同提高	1. 讲解往返跑的方法和规则	1. 认真听，明确方法和规则		1	1′	小
			2. 指导小组练习并提示：快速跑的要点	2. 分组练习并积极动脑回答问题	四组逐组练习	1	1′	小
			3. 组织分组练习	3. 分组练习		4	2′	大
	2. 素质：蟹行		4. 安排分散练习	4. 分散自我尝试练习		3	2′	大
			5. 分组喊口令指导练习	5. 分组练习，自我展示		1	1′	大

第三章 课程开发能力建设

续表

阶段	步骤	意图	教师活动	学生活动	组织安排	运动负荷		
						次数	时间	强度
放松身心 交流总结	1. 放松活动 2. 交流并总结学习体会，提出建议 3. 结束本课	适当辅助，逐渐恢复 相互交流，总结学习体会	1. 和学生一起进行放松活动 2. 与学生共同总结本课学习情况 3. 组织回收器材 4. 宣布下课	1. 跟随老师进行放松活动 2. 积极发言，简单表述个人学习体会 3. 回收器材 4. 回教室	分散队形 集合	1	1′	小
场地安排	1. 操场1片 2. 标志桶2个 3. 扩音器1个	预计效果	愉悦率：98% 练习密度：53~57% 平均心率：130次/分 学习效果： 优秀：50%。良好：45%。 合格：2%		教学反思			

表3-9 教学方案示例3

八黑拳 单元 第 5 教时　　　　　　　　　　　　　　　　执教者：张晓红

学习阶段	五年级
学习目标	1. 复习巩固八黑拳，进一步了解和掌握八黑拳的动作要领及全过程 2. 通过练习能学会八黑拳完整动作，发展力量、协调、灵敏等素质 3. 培养在活动中积极思考的意识，乐于重复练习，表现出不怕苦、不怕累的精神
学习内容	1. 校本教材：《溪小拳影》 2. 游戏
重点难点	重点：熟练掌握全套动作 难点：动作到位

阶段	步骤	意图	教师活动	学生活动	组织安排	运动负荷		
						次数	时间	强度
活动身体 扮演角色	1. 课堂常规	建立良好的师生关系	1. 向学生问好	1. 向教师问好	四列横队 ○○○○○○○ 男生 ●●●●●●● 女生 △ 教师 △	1	30″	小

续表

阶段	步骤	意图	教师活动	学生活动	组织安排	运动负荷		
						次数	时间	强度
活动身体 扮演角色	2. 队列练习。立正,稍息,三面转法。反口令练习	步入正堂	2. 让学生随教师口令进行练习	2. 听口令,集体练习	体操队形	5	30″	小
	3. 慢跑		3. 带领学生慢跑	3. 跟随教师慢跑	教师带领	1	1′	中
	4. 准备活动。扩胸、体转、腹背练习		4. 带领学生练习	4. 跟随教师练习		1	2′	中
	5. 游戏:看谁最精神		5. 边示范,边提示	5. 模仿跟做	输的做3个立卧撑	8	1′	中
合作探究 掌握技能	八黑拳完整动作练习 1. 复习:手形、步形	体现学生的自主学习能力	1. 回忆已学过的手形、步形	1. 和教师一起回忆并做出动作				
			2. 组织集体学习敬礼	2. 跟着老师动作模仿学习	集体练习	3	1′	中
			3. 指导学生分组看着图解尝试自己学习	3. 分成八组,在小组长带领下分散尝试练习	分组分散练习	1	1′	中
	2. 听教师口令练习 3. 集体练习 4. 分组复习:八黑拳 5. 集体练习	掌握技术动作,体现学生的个体差异	4. 组织学生完整练习一遍	4. 跟着教师的动作完整练习	体操队形 ●男生 ○女生 △教师	1	1′	中
			5. 针对不规范的动作进行纠正	5. 跟着教师的示范动作模仿练习		1	1′	中
			6. 喊口令,逐节纠正	6. 边听口令边做动作		3	2′	大
			7. 指导学生分散练习,巡视并纠正不足	7. 4~5人一组分散练习		1′	2′	中

第三章 课程开发能力建设

续表

阶段	步骤	意图	教师活动	学生活动	组织安排	运动负荷		
						次数	时间	强度
合作探究 掌握技能	6. 小组展示		8. 组织小组展示动作并纠正不足。组织集体做提高性练习	8. 小组展示。集体听口令做提高性练习		2	1′	中
拓展能力 激活思维	游戏：小鸭子夺旗 1. 分组试练 2. 加大难度，分组游戏	团结协作，共同提高	1. 演示动作，并组织学生尝试 2. 讲解游戏方法。组织学生尝试游戏比赛	1. 积极参与学习 2. 积极参与游戏比赛，争取优异的成绩	分成八组进行游戏	4	4′	大
放松身体 交流总结	1. 放松练习 2. 小结 3. 回收器材 4. 下课	适当辅助，逐渐恢复	1. 与学生一同跟随音乐放松 2. 询问学生对本课的收获 3. 组织学生回收器材 4. 宣布下课	1. 和教师一起跟随音乐放松 2. 积极举手谈自己的体会 3. 个别学生回收器材 4. 回教室	散开，2~3人一组围坐在一起集合	1	1′	小
场地器材	1. 呼啦圈8个 2. 小旗子8面 3. 袋子8个 4. 扩音器1个	预计效果	愉悦率：98% 练习密度：53%~57% 平均心率：130次/分 学习效果： 优秀：55%。良好：43%。合格：2%		教学反思			

附录：美丽项链一线穿

舟山实验小学背倚香山，面临太湖，风光秀丽。笔者曾数度造访美丽的校园，在由衷赞赏的同时，总感到学校的文化犹如太湖出水的粒粒珍珠，初现光华，但还缺少整体的美。恰逢吴中区教育局启动专家助推课改项目，由长桥中心小学、舟山实验小学牵头，几所学校创建共同体，研制学校课程方案，深入推进课改。笔者和华东师范大学崔允漷教授亦参与其中。于是，笔者就有机会目睹舟山实验小学是怎样把散落的"珍珠"串成美丽项链的。

"认识你自己"

课程与教学是学校文化的核心领域。研制课程在一定意义上就是做学校文化。学校先从"认识自己"开始，明确课程文化内在的生长性和可能性。工作从两个方面展开。一方面是做学校发展SWOT分析，如下表所示：

	优势（S）	劣势（W）	机会（O）	威胁（T）
地理环境				
学校硬件				
学生状况				
课程资源				

这样的分析使大家明了"自然条件"：我们从哪里出发。比如分析课程资源发现，声名远播的"香山帮匠人"就在学校周围。2 500多年来，从匠心独具的苏州古典园林，到气势恢宏的北京皇家宫殿，香山帮匠人的精湛技艺代代相传，他们也形成了以木匠领衔，集泥水匠、漆匠、堆灰匠、雕塑匠、叠山匠等古典建筑工种于一体的建筑工匠群体。他们的手工技艺被列入人类非物质文化遗产代表作名录。不少舟山实验小学学生的家长就是"香山帮匠人"的文化传承人。这方面地方课程资源的丰富程度可想而知。

学校的文化建设不应当是零起步。那些散落的"珍珠""粒粒皆辛苦"，都充满了心血和智慧，应当成为学校文化体系的有机组成部分。于是学校在另一方面认真总结了这些年的文化探索，特别是课程教学改革方面的经验。

通过梳理总结，闪光点一一显露：

学校提出"至善"的教育主张，也在德育方面做过不少工作。学校热情接纳了解散的民工子弟学校的学生，对所有民工子弟学生进行家访；年级组教师组织"领养"学困生活动，每位教师负责帮扶1~2名学生，为学校"至善"理念注入了人文关怀。

学校科技教育成绩突出。"猎狐"测向和定向、电子制作、建筑模型、科技幻想画等项目都有社团。学生在2014年4月参加第十四届江苏省青少年电子技师认定活动（昆山分赛区），夺取"电子百拼"项目小学低年级组团体一等奖，在无线电测向和定向及电子制作这些项目中经常争金夺银。

学校艺术教育五彩缤纷。在香山工艺文化引领下，学校逐步形成核雕、书画、乐器、歌舞四大课程板块，相应组建了学生社团，尽可能让所有孩子都有艺术学习选择的空间，都能感受到艺术熏陶的氛围。

这些成果虽然还是散落的"珍珠"，有的还需要继续培育，但正如古希腊箴言"认识你自己"所示，是学校对自身的认识和发现，将为研制新的课程方案、推进课程改革奠定基础。

凝练一致性

古语云"五色为文"，但五彩缤纷的文化又应当有内在的有机性，应当形成整体。法国哲学家福柯说，一致性是一个文化得以存在的条件和组织原则。正是一致性，使学校文化的多个方面、多个层次形成有机整体，课程文化亦然。

什么是学校课程体系的一致性？崔允漷教授反复强调：学校课程建设首先要回答培养什么样的人，因为这是学校的价值观追求，是学校教育哲学之所在；学校的课程设置无不在回答怎样培养人，让价值观落地生根。学校怎样提出校本化的培养目标呢？大致可从理想的追求、现实的批判、文化的传承、性格的使然四个方面加以提炼。关于理想的追求，夏静校长和她的团队是怀揣理想的。这所建校时间不长的学校，是没有多少资本和光环的，但他们努力往尽善尽美的方向去做，希望用自己的聪慧和心血育出时代的新人。关于现实的批判，学校的育人目标抑或学校的价值观，总是基于一定的现实批判性。有所作为总是基于对现实的批判，是对现实的超越。关于文化的传承，学校的文化和课程都应当以文化传承和课程现实为基础，体现出内在性特点。舟山实验小学的文化传承一方面基于民族传统文化的源流，以"至善"为追求；另一方面依托"香山帮匠人"的文化资源，巧于动手和审美性、创造性。这些核心元素应当有所体现。关于性格的使然，文化当是师生群体风格的表征，其中校长作为一校之长，其胸襟、学识、追求、禀赋、性格都会赋予学校文化特有的色彩。夏静校长"向着明亮那方"、向上、向前的人生姿态，自然会深刻影响学校文化建设。

正是因为这四个方面显性或隐性的作用，大家集思广益之后，紧扣"至善"提出舟山实验小学的培养目标：做至善的阳光少年，具体诠释为五个"于"：勇于担当，勤于思考，巧于动手，善于审美，乐于运动。这样的表述有以下几个特点：第一，涵盖了国家对培养目标的要求。第二，体现了校本特色。"动手""审美"与"香山帮匠人"的文化积淀和学校已有的优势项目相呼应。第三，包含将"至善"解释为"达到特别好"的意蕴。"勇""勤""巧""善""乐"是方法、能力之好，将"审美"等列入，又有结果之好的意思。第四，嵌进"阳光少年"，体现小学生的年龄特点，为概念性的表达添就活力和生气。

整体之美

发现了散落的"珍珠"，确定了主脑般的"线头"，自然就可以串珠成链了。课程方案至第七稿时，舟山实验小学形成了如下图所示的课程结构。

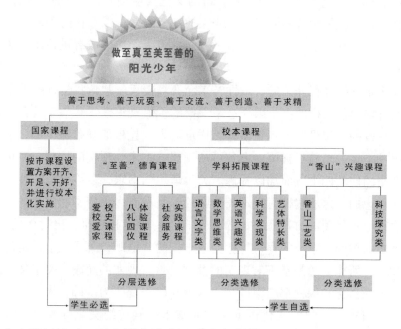

在交流讨论时，不少同志认为，这个方案体现了舟山实验小学课程的体

系性，已经初步显现绚烂的光华。第一，意蕴的显现。课程体系中所有的结构板块都指向培养目标的落实。培养目标使学校教育哲学具象化，课程体系各层次、各部分又在诠释怎样培养人。第二，技术的规范。课程方案的研制也是一件技术活儿，应当遵循一定的开发规范。校本课程可扣住分类、分层、必选、任选这些关键词进行研制。舟山实验小学的校本课程分为"至善"德育课程、学科拓展课程、"香山"兴趣课程三类，每一类又有按学段、按年级分层的要求。这样一下子就把校本课程"表达"清楚了。方案又提出必选和任选的不同要求，体现了校本课程的基础性和选择性特点。第三，学校的特色。在国家课程实施方面，课程方案强化学习过程的"做"，突出体验性；校本课程中的"香山"兴趣课程植根于"一方水土"……这些都体现了学校鲜明的特色。第四，结构的力量。国家课程和校本课程相互支撑，校本课程各个部分相辅相成，体现对全体的"全人"要求，又使个性化通过选择性体现。课程结构只是课程方案的中心环节，而课程方案有完整的过程性结构，每个环节都是逐步完善的，比如，针对一般学校课程实施评价较弱的现象，方案第六稿加强了评价机制部分。如此步步扎实才能保证课程方案落地生根。在"串珠"的同时强化"育珠"的意识，体现了课程方案的开放性、生成性。这些完整性、过程性、开放性的结构元素都体现出舟山实验小学课程整体生长、发展、优化的力量。

笔者曾经和夏静校长交流：做不做课程方案有什么区别。夏静校长告诉我："原来大家也是整天忙，但为啥忙，忙什么，'理还乱'；即使做成了，也常常说不清。现在不一样了，为什么做，做什么，谁来做，怎么做，做得怎样，清清爽爽。'珍珠'串成了项链，各个板块融成了体系，底气有了，自信增加了，凝聚力加强了，似乎明天也更美好了！"看来，香山脚下，太湖之滨，这所美丽的学校，现在正是"风正一帆悬"啦！

江苏省教育学会名誉会长
杨九俊

后　记

悠悠越来溪，清风起涟漪。初冬的午后，温暖的阳光透过玻璃窗，洒落在办公桌上，洒落在那一桌凌乱但已初具雏形的书稿上。我们的思绪不由得飘飞到了一年多前的那个暑假……

那时，我们打算搜集舟山实验小学和越溪实验小学两所学校的课程能力建设方面的相关资料，并整理成书。于是，在一年多的时间里，我们爬罗剔抉，旁搜细求，广征苦学，深思远引……如今呈现在眼前的这份书稿，也算是对这段努力的交代吧。

对我们而言，搜集整理的过程就是一个再学习的过程。从课程的总体规划，到课程的校本化实施，再到校本课程的开发等，借助整理和归纳，我们慢慢对乡村小学的课程能力建设有了较为清晰的理解，也逐渐对课程意识、课程理念和课程能力的建设思路有了基本的认知。

本书从内容的选择到结构的设计都获得了许多领导和专家的全程关注与鼎力支持。在此，我们谨向他们表达最真挚的感谢！我们要特别感谢周永沛、李和明、张郁芳、王建兵、沈红雨等各位领导、专家先后给予我们的指导。感谢为本书的出版提供帮助的苏州大学出版社和责编刘一霖老师。感谢舟山实验小学和越溪实验小学的部分老师给我们提供丰富的课程纲要，使本书的内容更加充实。

沐浴着一缕冬阳，守着一杯红茶、一摞书稿，雕刻一段清浅时光！无端想起明代刘伯温的那首《如梦令》来："一抹斜阳沙觜，几点闲鸥草际。乌榜小渔舟，摇过半江秋水。风起，风起，棹入白蘋花里。"我们就像那没见过大世面的"乌榜小渔舟"，只是借得一阵阵好风，来到了迷人的蘋花丛中。指点评说，都是我们的福气！

夏静、徐春燕、蒋洁
2021 年 11 月于越来溪畔